Dans la cuisine de

DANNY
St Pierre

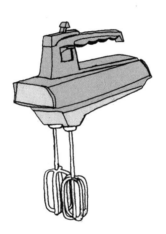

Catalogage avant publication de Bibliothèque et Archives nationales du Québec et Bibliothèque et Archives Canada

St Pierre, Danny,
Dans la cuisine de Danny St Pierre
Comprend un index.
ISBN 978-2-89 705-144-0
1. Cuisine.   2. Livres de cuisine.   I. Titre.
TX714.S762 013   641.5   C2013-941 669-2

LES ÉDITIONS **LA PRESSE**

Présidente Caroline Jamet
Directrice de l'édition Martine Pelletier
Directrice de la commercialisation Sandrine Donkers

Éditrice déléguée Sylvie Latour
Rédaction des textes Luc Bouchard
Direction artistique et graphisme Philippe Tardif
Direction artistique et illustration Francis Léveillée
Photographe Alexi Hobbs
Assistant-photographe Maxyme G. Delisle
Photo de la couverture Marco Campanozzi
Styliste culinaire Myriam Pelletier
Accessoiriste Luce Meunier
Révision Sophie Sainte-Marie
Correction d'épreuves Yvan Dupuis

L'éditeur bénéficie du soutien de la Société de développement des entreprises culturelles du Québec (SODEC) pour son programme d'édition et pour ses activités de promotion.

L'éditeur remercie le gouvernement du Québec de l'aide financière accordée à l'édition de cet ouvrage par l'entremise du Programme de crédit d'impôt pour l'édition de livres, administré par la SODEC.

Nous reconnaissons l'aide financière du gouvernement du Canada par l'entremise du Fonds du livre du Canada (FLC).

Dépôt légal – 3e trimestre 2013
ISBN 978-2-89 705-144-0
Imprimé au Canada

LES ÉDITIONS **LA PRESSE**

7, rue Saint-Jacques
Montréal (Québec)
H2Y 1K9

La bonne cuisine est la base du véritable bonheur.

AUGUSTE ESCOFFIER, mai 1911

Table des matières

Les recettes

Les *partys*

Avant-propos

La cuisine est un jeu où, pour être habile, il faut maîtriser certaines règles de base et avoir un minimum d'équipement. Il faut aussi avoir un bon système. Celui que je propose dans ce livre vous aidera à préparer vos repas de la semaine de façon simple et efficace. En l'adoptant, vous mangerez mieux, économiserez de l'argent et contribuerez à préserver une tradition en voie de disparition : le souper de famille, un rituel qui peut et doit être conservé, selon moi. En effet, le souper est un moment important de la journée, un moment de détente et d'échange, une parenthèse au cœur de nos vies effrénées.

Dans la cuisine de Danny, les courses se font le dimanche et non pas au quotidien. Exit, donc, la vie de « bobo » où l'on perd du temps à se rendre cinq fois par semaine au supermarché, alors que l'on pourrait consacrer ces moments à nos amours et à nos passions. En plus de prendre l'habitude de faire vos courses le dimanche, vous adopterez aussi celle d'y préparer les repas de la semaine à venir. En famille. Pour passer du bon temps ensemble. Pour profiter de la vie. Pour manger autre chose que des produits surgelés ou des plats cuisinés, achetés sur le pouce.

Cuisiner en famille le dimanche ? J'en vois déjà qui lèvent les yeux au ciel. Pourtant, c'est bien ce que je propose. Pour deux raisons. D'abord, parce qu'il est plus important que jamais de contrôler ce que l'on met dans son assiette. Ensuite, parce que c'est une très belle façon d'adopter de nouvelles habitudes de vie, plus saines.

Soit dit en passant, cela sera mon seul aparté moralisateur. Parce que, petit, j'étais vraiment fatigant en ce qui a trait à la bouffe. Je ne mangeais rien. Pas de tomates. Pas de poivrons. Pas de champignons. Pas de ci, pas de ça. En revanche, j'avais bien du plaisir à mélanger les trucs et jouer avec les textures. Dès que j'ai commencé à aimer manger, vers 13 ans, cela a éveillé quelque chose en moi. Une vocation. Je ne me suis pas trop posé de questions. J'étais juste content d'avoir trouvé un métier.

L'été de mes 16 ans, j'ai commencé à travailler à la boulangerie de mon oncle Joe, où je faisais le quart de nuit avec de drôles d'oiseaux. Des Calabrais et des Siciliens qui sirotaient des expressos en fumant des cigarettes à la chaîne, en même temps qu'ils pétrissaient le pain.

L'année suivante, je suis entré à l'École hôtelière de Laval (EHL), où j'ai obtenu un diplôme d'études professionnelles (DEP) en cuisine, entouré de repris de justice, de décrocheurs et de jeunes mamans en jeans bien trop serrés. L'un de mes professeurs s'appelait Jean-Pierre Sauval. Il est le premier à avoir vu quelque chose en moi.

En sortant de l'EHL, j'ai travaillé dans l'un des restos les plus chers de Laval, un *steak house* de gangsters. J'avais tout juste 18 ans. Je vivais encore chez mes parents. J'étais con comme un balai. Je n'avais pas de voiture. Pas de blonde. Pas d'argent. Mais autant ce lieu était suspect, autant le chef qui y travaillait, un vieux malcommode accro à la cocaïne et qui avait longtemps travaillé sur des cargos, m'a appris plein de choses. À commencer par le fait qu'il est possible de donner plusieurs vies à un même produit. Le vieux pouvait servir du saumon poché comme plat du jour à midi, le transformer en terrine froide le soir, puis utiliser les restes de la terrine pour farcir des beignets le lendemain. Il m'a donc appris deux choses essentielles à la pratique de mon métier : qu'il n'est pas bien de jeter de la nourriture et que tout aliment est recyclable, ou presque. Il appelait cela « faire fructifier l'argent ». Et ce désir de ne jamais rien perdre me pousse encore aujourd'hui à chercher de nouvelles techniques de transformation pour multiplier les recettes à partir d'un même produit. Cette idée me semble pleine de bon sens à une époque où le coût du panier d'épicerie ne cesse d'augmenter, alors que l'on a tendance à jeter de la nourriture pour rien.

Bref, j'ai quitté mon *steak house* de gangsters un an plus tard afin de retourner à l'École hôtelière de Laval, où j'ai suivi un cours de pâtisserie sous la houlette d'Isabelle Sauriol.

Après Jean-Pierre Sauval, elle est la deuxième personne à avoir cru en moi. Et c'est en grande partie grâce à ces deux-là que j'ai été accepté à l'Institut de tourisme et d'hôtellerie du Québec (ITHQ) l'année suivante, où j'ai suivi une formation supérieure en cuisine d'un an avec Jean-Paul Grappe, qui a formé la plupart des grands chefs du Québec. C'est grâce à lui que je me suis retrouvé en stage en France, à L'Écusson, l'ancien restaurant de Jean-Pierre Senelet, en Bourgogne. Comme j'étais encore pas mal effronté à l'époque, ce dernier s'était donné comme mission de « remettre le petit Québécois à sa place ». Et s'il est vrai que Jean-Pierre Senelet m'en a fait baver, il m'aura surtout appris à vivre…

À mon retour de France, Myriam Pelletier, une amie rencontrée à l'ITHQ, m'a aidé à entrer au restaurant Toqué !, à Montréal. Cela a été une très belle expérience. C'était un véritable coup de chance pour de jeunes diplômés comme Mimi et moi de travailler dans un restaurant axé sur l'excellence et d'avoir accès à des produits aussi exceptionnels. En passant, Mimi et moi travaillons toujours ensemble. C'est elle qui a agi à titre de consultante culinaire pour ce livre.

Après deux ans chez Toqué !, j'ai eu envie de vivre une autre expérience. En réalité, je rêvais de faire du volume. Je me suis donc retrouvé dans un restaurant de la rue Saint-Laurent, où l'on pouvait servir jusqu'à 600 couverts par soir. À l'époque, personne ne quittait le Toqué ! pour aller faire cuire des pâtes et des pizzas sur la *Main*. Mais, moi, je voulais travailler pour Michel Ross, un chef brillant qui, aujourd'hui encore, demeure l'un de mes héros. Parce que tout ce qu'il fait, il le fait bien, et je voulais profiter de son savoir-faire. Résultat : c'est en travaillant sous ses ordres que j'ai développé cet instinct qui me permet maintenant de mettre en place des systèmes hyperfonctionnels.

J'ai quitté la rue Saint-Laurent lorsqu'on m'a proposé de devenir chef au restaurant Derrière les fagots, à Laval. Le hic, c'est que je voulais diriger ma cuisine comme Jean-Pierre Senelet le faisait en Bourgogne, c'est-à-dire de façon agressive et cassante. Je me suis donc aliéné pas mal de gens au début, pour la seule raison que je faisais n'importe quoi. C'est seulement après avoir congédié ma troisième équipe en trois mois que j'ai réalisé que c'était peut-être moi, le problème ! Parce que, dans ma grosse tête de petit garçon de 22 ans, je me prenais pour une *rock star*... et non pas pour un chef. Au final, j'aurai passé cinq ans au restaurant Derrière les fagots. Cinq années au fil desquelles, petit à petit, j'ai appris à devenir chef cuisinier.

C'est aussi là-bas que j'ai rencontré Anik Beaudoin, la mère de ma fille Margot, qui est toujours ma partenaire en affaires. Anik était jeune comédienne à l'époque. Entre deux auditions, elle travaillait en salle, où elle faisait preuve d'un redoutable sens des affaires. C'est Anik qui, au printemps 2006, m'a d'ailleurs encouragé à lancer un service de traiteur. On est partis de rien, tous les deux. Je préparais les plats dans la petite cuisine de notre 3 ½ et elle s'occupait du service. On travaillait uniquement grâce au bouche à oreille, mais nos affaires ont décollé comme une fusée.

En même temps, j'ai commencé à agir à titre de consultant, pour différentes entreprises. Mais de toutes mes collaborations, c'est celle avec la famille Cabanes, propriétaire des Pâtisseries de Gascogne, qui demeure la plus marquante. J'ai travaillé dans leur usine pendant un an pour les aider à restructurer leur offre de produits, leurs méthodes de production et leurs ressources humaines. En côtoyant trois générations de Cabanes, j'ai eu accès à une tradition gastronomique incroyable qui dépasse largement les murs de leurs boulangeries. Les Cabanes m'ont appris à faire les choses simplement, à offrir des produits de qualité et à ne pas avoir peur de servir des classiques, pourvu qu'ils soient bien apprêtés. Ils m'ont aussi inculqué l'art d'accueillir les gens comme il se doit...

J'ai porté la double casquette de traiteur et de consultant jusqu'au jour où Anik et moi avons décidé de faire le grand saut. De quitter Montréal pour ouvrir notre propre restaurant à Sherbrooke, d'où Anik est originaire. Et comme elle le répète souvent : « Nos amis pensaient tous que nous étions tombés sur la tête, mais nous, après avoir exploité notre service de traiteur à partir de la maison, nous avions envie de travailler en gang, de créer un lieu effervescent où les gens pourraient venir manger, s'amuser et être bien. »

Auguste a été inauguré au printemps 2008. On l'a nommé ainsi en l'honneur d'Auguste Escoffier, le plus célèbre des chefs français, et d'Augustine, la grand-maman d'Anik, qui cuisinait chaque jour pour ses 12 enfants et pour les nombreux ouvriers qui travaillaient à la ferme familiale. Et parce que ma vision de la cuisine se situe réellement au carrefour de ces deux mondes, entre le savoir-faire de la gastronomie française et le souvenir nostalgique des recettes de nos grands-mères. Des recettes que l'on peut facilement remettre au goût du jour, à condition de maîtriser certaines règles de base, bien évidemment.

– Danny St Pierre

Moi, je ne connais personne qui a envie de cuisiner quand tout est à l'envers.

— Danny

Le système
St Pierre

Organiser sa cuisine

Chaque fois qu'on me demande comment s'y prendre pour cuisiner de façon plus efficace, je réponds toujours en posant les mêmes quatre questions : votre cuisine est-elle fonctionnelle ? Vos comptoirs sont-ils encombrés de gadgets inutiles ? Vos tiroirs sont-ils remplis d'objets dont vous ne vous servez jamais ? Vos ustensiles à cuisson sont-ils à portée de main lorsque vous êtes devant votre cuisinière ? Quatre questions toutes bêtes, mais qui apportent des réponses concrètes à ce qui tue le plus souvent notre envie de cuisiner : le bordel.

Je ne connais personne qui a le goût de cuisiner quand tout est à l'envers. C'est pourquoi je vous conseille de revoir l'organisation de votre cuisine à partir du principe que tout doit être rangé de façon à respecter des séquences logiques, en fonction des gestes que vous faites avant de cuisiner, pendant et après. La dernière chose que vous voulez, c'est d'avoir à courir d'une armoire à l'autre en passant par le frigo quand vous avez des casseroles sur le feu. Voilà pourquoi il est important d'organiser votre cuisine de façon à avoir accès à tout ce dont vous avez besoin (épices, poêles, ustensiles, condiments, ingrédients, huiles, etc.) dès l'instant où vous vous retrouvez devant votre plan de travail et votre cuisinière.

Pour cela, il n'y a pas cent solutions. Il faut commencer par vider vos tiroirs, vos armoires et votre garde-manger, puis réaliser l'inventaire de leur contenu en vous posant les deux questions suivantes : quand ai-je utilisé cet outil ou cet ingrédient pour la dernière fois ? En ai-je vraiment besoin ? Osez faire l'exercice et vous serez surpris du nombre de bébelles qui y accumulent de la poussière pour rien.

Du coup, profitez-en pour jeter ou donner tout ce dont vous ne vous êtes pas servi depuis un an. Après, replacez les outils et ingrédients que vous avez décidé de garder en fonction de leur utilisation réelle, c'est-à-dire la fréquence et le contexte de leur utilisation.

Moi, dans ma configuration idéale, tout est adjacent. Tout ce qui est appelé à entrer dans le lave-vaisselle et à en sortir doit être rangé à côté de ce dernier. Tout ce qui est rattaché à la cuisson doit être à proximité de la cuisinière, etc. Le but est de maximiser l'espace afin que vous y soyez le plus efficace et le plus à l'aise possible.

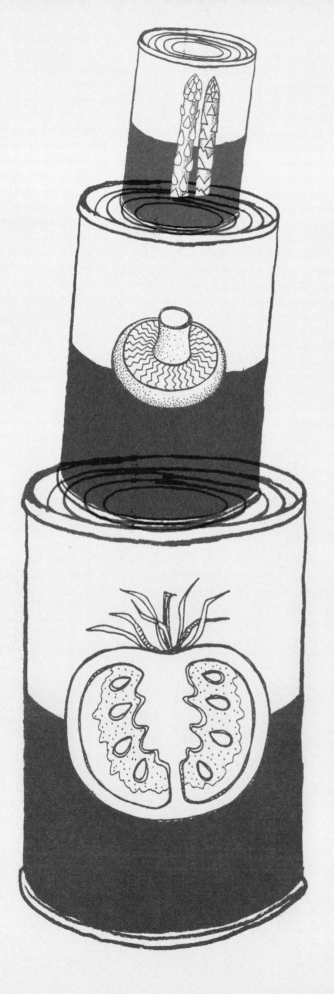

Armoires et garde-manger

Organisez vos armoires par « familles ».
Les casseroles, cocottes et autres poêlons
doivent être rangés à côté de la cuisinière.
Les planches à découper, les culs-de-poule,
la passoire et la tasse à mesurer doivent
être rangés à côté de l'espace de travail,
tout comme les épices.

Le garde-manger doit aussi être aménagé
par groupes de produits : conserves, confitures
et sirops, collations salées, etc. Ainsi, tout ce
qui sert à faire des gâteaux, biscuits et autres
pâtisseries (farine, sucre, fécule de maïs, poudre
à pâte, fruits secs, cassonade, etc.) doit se
retrouver sur la même tablette. Les soupes
vont avec les bouillons, les pâtes avec le riz,
les biscuits avec les barres tendres et le café
avec le thé. Les huiles et les vinaigres doivent
aussi cohabiter.

Dans la mesure du possible, rangez le maximum
d'aliments dans des contenants en plastique.
Cela permet de gagner de l'espace puisqu'ils
se rangent mieux que les boîtes et les sacs.

Le principe est de faire cohabiter les ingrédients
de façon à ce qu'ils se retrouvent dans un
ensemble cohérent. Cela permettra également
de voir ce qu'il reste dans vos armoires en un
coup d'œil avant d'aller faire les courses et cela
vous évitera d'acheter des choses en double.

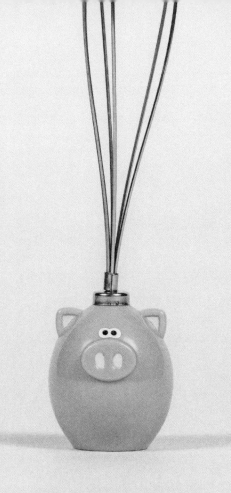

Conseil
de Danny

Ne remplissez jamais vos tiroirs
jusqu'à ras bord. Moins il y a de
trucs à l'intérieur, mieux c'est.
L'idée est de voir ce qu'il y a dedans.
Pour y avoir accès facilement...
et penser à s'en servir.

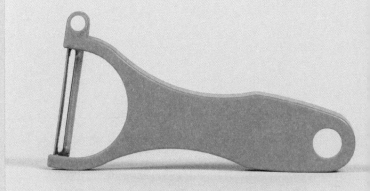

Frigo

Le frigo joue le même rôle que le garde-manger, mais pour les aliments froids. Chaque chose qui y entre doit avoir sa raison d'être. Chaque tiroir (fruits, légumes, viandes, etc.) et chaque tablette doivent avoir leur logique. Les crudités sont dans des contenants en plastique sur l'étagère du haut, à côté des herbes fraîches dans un pichet d'eau. Les yogourts pour les lunchs sont à côté des boîtes de jus. Là aussi, l'idée est d'être en mesure de faire l'inventaire du frigo en un clin d'œil avant de partir pour l'épicerie. Il est également impératif de vous servir de ce que vous avez déjà en stock avant d'acheter autre chose. Dans la foulée, je vous encourage à trier les aliments et à passer un coup d'éponge. De cette façon, à votre retour du supermarché, il ne vous restera plus qu'à placer les nouveaux produits derrière les plus anciens afin d'assurer leur roulement.

Congélateur

Le principe est le même que pour le frigo : avant de ranger les aliments, pensez à leur utilisation. Si les enfants mangent des gaufres ou des friandises glacées tous les jours, elles doivent être faciles d'accès. Là encore, on procède par sections : les légumes ensemble, les fruits de leur côté. Les blocs réfrigérants pour les lunchs sont avec les glaçons. Les restes de repas ou de soupes sont regroupés, etc.

Tiroirs

Dans mon système, vous n'avez besoin que de quatre tiroirs. Pas plus. Un premier à côté du lave-vaisselle pour les fourchettes, couteaux et cuillères (les couteaux de cuisine devraient être alignés sur un aimant vissé au mur devant la surface de travail) ; un deuxième près de la cuisinière pour les ustensiles de cuisson ; un troisième à proximité de l'évier pour les linges à vaisselle. Enfin, un dernier à côté de la surface de travail pour les papiers aluminium et parchemin, la pellicule plastique, les sacs en plastique, etc.

Matériel de base

Accessoires

Plusieurs contenants de plastique
(de différentes grosseurs)

Deux cuillères et une spatule en bois

Six culs-de-poule (petits, moyens, grands)

Une écumoire et une passoire

Un épluche-légume (économe)

Un fouet

Des linges à vaisselle

Une louche et des pinces

Un mélangeur à main

Un moulin à légumes (ou robot culinaire)

Un ouvre-boîte et une paire de ciseaux

Trois planches à découper

Une poche à douilles

Un presse-agrumes

Une râpe multiusage

Une spatule à poisson

Un tamis

Une tasse à mesurer

Couteaux

Un couteau à désosser

Un couteau d'office

Un couteau de chef

Un fusil (pour affûter les lames)

Plats de cuisson

Trois casseroles de tailles différentes
(avec couvercles)

Une cocotte avec couvercle
(pour les cuissons lentes)

Deux plaques de cuisson (tôles à biscuits)

Quatre plats à rôtir rectangulaires
ou ovales (en pyrex, par exemple)

Deux poêles antiadhésives
(une petite et une grande)

Une poêle en fonte

Prendre de nouvelles habitudes

On nage en plein paradoxe. D'un côté, on se plaint de manquer de temps et d'être sans cesse à la course. De l'autre, on cherche à être toujours plus efficace, plus performant. Plus santé, aussi. Mais le sommes-nous réellement? Pas si l'on se fie au nombre grandissant de personnes qui consomment des plats préparés ou surgelés. Et encore moins lorsqu'on sait que ces plats industriels contiennent des quantités de sel et de sucre potentiellement dangereuses pour la santé. Mais pourquoi s'entêter à manger mal, alors qu'il est facile de préparer en quatre heures tous les repas de la semaine avec des produits frais? Et surtout quand cela ne dépend que de notre volonté à adopter quelques nouvelles habitudes?

MENU

Habitude nᵒ 1

La première habitude à prendre est de faire une liste de cinq recettes (pour les repas du dimanche au jeudi) qui correspondent à vos envies du moment et que vous mangerez en famille au cours de la semaine à venir. Je vous suggère de la rédiger le jeudi, après le souper, parce que c'est le dernier repas pratico-pratique de la semaine et parce que le vendredi soir, on a plutôt envie de sortir ou d'aller au resto pour fêter la fin de la semaine de travail. J'exclus aussi le samedi, parce que c'est la journée où l'on cherche généralement à reprendre son souffle et où on en profite pour recevoir des amis à la maison.

Le dimanche matin, on transforme la liste de nos envies du jeudi en liste d'épicerie. J'ai choisi le dimanche parce qu'il y a générale-ment moins de monde et que c'est la journée idéale pour faire les courses. Si l'on s'en tient à ce qui se trouve sur notre liste, l'opération peut être bouclée en une heure.

D'ailleurs, je préfère aller à un seul magasin qu'à trois endroits pour courir les aubaines. J'estime que j'économise plus d'argent en cal-culant bien mes portions de protéines (de 120 à 150 grammes par personne) qu'en utilisant les bons de réduction.

Habitude nᵒ 2

La deuxième habitude à acquérir est de compa-rer ce qui se trouve sur votre liste de recettes avec ce qu'il reste dans vos armoires et votre frigo. Je sais que cuisiner avec des restants n'est pas la chose la plus excitante au monde, mais cela demeure la meilleure façon de réaliser des économies. Il vous reste plusieurs boîtes de tomates en conserve et de nombreux paquets de pâtes ? Préparez une grosse sauce tomate à partir de laquelle vous pourrez faire trois plats que vous placerez au congélateur et mangerez au cours des semaines à venir. Des spaghettis *pomodoro* (avec feuilles de basilic et parmesan), par exemple. Ou bien des fusillis à la tomate et au thon (en boîte).

Habitude nᵒ 3

La troisième habitude à prendre, une fois à l'épicerie, est de suivre minutieusement votre liste et de rayer tour à tour les produits déposés dans votre panier. Votre visite au supermarché doit ressembler à une opération commando. Ne vous laissez pas flouer par les occasions en or.

Cela dit, il ne faut pas oublier que nos super-marchés sont aussi de formidables points de ralliement. Des lieux où des gens se démènent pour mettre sur les étagères des produits qui correspondent aux goûts et aux habitudes de leurs clients. C'est pourquoi on a tous à gagner à entrer en relation avec eux.

Dans chaque rayon, celui de la boulangerie comme celui de la poissonnerie, des gens sont là pour répondre à vos questions.

N'hésitez pas à leur parler et leur dire ce que vous aimez. Demandez-leur ce qu'ils ont de bon à vous proposer. N'hésitez pas non plus à demander des produits moins courants. En étant exigeant, nous nous retrouverons un jour avec des supermarchés de meilleure qualité, qui proposeront des produits adaptés à nos goûts et pas seulement aux désirs de l'industrie.

Cela dit, on a tout de même la chance d'avoir pas mal de choix au Québec, notamment en ce qui a trait aux fruits et aux légumes. On trouve désormais des endives et du cresson à l'année, des variétés de pommes, de raisins et d'oranges aussi. Parfait pour ceux et celles qui souhaitent cuisiner à la maison avec des produits frais.

Habitude nº 4

La quatrième habitude à prendre est de déposer vos courses sur le comptoir en rentrant du supermarché et de rameuter les troupes. Enfants inclus. Les recettes planifiées et les courses effectuées, il ne vous reste qu'à distribuer les tâches et lancer la production pour préparer plusieurs recettes à la fois.

Je parle ici d'un bloc de quatre heures (trois pour cuisiner, une pour les courses). Ce bloc vous permet de faire d'une pierre deux coups (passer du temps en famille et apprendre aux jeunes à cuisiner) et se conclut par le ménage de la cuisine et le rangement des préparations pour vos recettes de la semaine.

Vous mangerez un bœuf braisé au sésame et des haricots verts le mardi ? Faites braiser votre bœuf et préparez la sauce pendant que les enfants équeutent les haricots.

Placez ensuite le braisé dans un contenant de plastique et rangez-le à côté de celui qui contient les haricots dans le frigo.

Résultat : le repas du mardi est pratiquement prêt. Il ne restera plus qu'à réchauffer le braisé à feu doux et à cuire les haricots pendant que les enfants terminent leurs devoirs. *Idem* pour le filet de truite du mercredi, que vous parerez le dimanche avant de le mettre au frigo à côté de son accompagnement de riz.

Bref, chaque jour de la semaine a son espace dans le frigo. Les aliments de la recette du lundi d'un côté, ceux de mardi de l'autre, etc.

Hier encore, au Québec, les dimanches étaient voués au culte de Dieu. De nos jours, ils devraient être consacrés à nos proches. À une époque où de plus en plus de personnes se plaignent de ne pas passer suffisamment de temps de qualité en famille, mon système permet non seulement de se réunir dans la cuisine, mais aussi de manger mieux et d'économiser de l'argent. Il serait bête de s'en priver, non ?

Conseil de Danny

Avant de commencer à préparer vos recettes, sachez exactement où sont les outils et les ingrédients dont vous aurez besoin et dans quel ordre vous vous en servirez. Pour ma part, lorsque je cuisine, j'ai toujours un petit récipient à côté de moi dans lequel il y a du sel kascher, ma poivrière et les choses que je compte utiliser, comme l'huile et différentes épices. Cela permet de cuisiner plus librement et de manière plus efficace.

En résumé

1. Faire la liste des recettes de la semaine à venir le jeudi soir, après le repas.

2. Faire la liste d'épicerie le dimanche matin en fonction des recettes choisies le jeudi. Biffer de la liste les ingrédients que vous avez déjà à la maison.

3. Au supermarché, rayer tour à tour de votre liste les produits que vous déposez dans le panier. Soldes ou pas, ne rien acheter d'autre.

4. De retour à la maison, vider les sacs d'épicerie sur le comptoir. Réserver ce dont avez besoin pour les recettes de la semaine. Ranger tout ce dont vous n'avez pas besoin.

5. Sortir de vos armoires et de votre frigo les autres aliments dont vous avez besoin pour vos recettes.

6. Consulter votre liste de recettes et trier les aliments en fonction des cinq plats à préparer.

7. Calculer les différentes quantités d'ingrédients requises pour l'ensemble des recettes à préparer.

8. Répartir les tâches (couper les légumes, préparer les viandes et poissons, etc.) pour apprêter en vrac les ingrédients nécessaires à la préparation de l'ensemble des recettes.

9. Séparer les aliments en fonction des différentes quantités requises pour chaque recette et déterminer l'ordre de cuisson.

10. Sortir les casseroles, poêlons et autres plats à cuisson.

11. Placer les huiles, le sel, le poivre, les épices et les condiments à portée de la main.

12. Démarrer la cuisson de vos plats.

13. Nettoyer vos plats de cuisson au fur et à mesure afin de pouvoir vous lancer aussitôt dans la réalisation de la recette suivante.

14. Répartir les préparations de vos différents repas dans des contenants de plastique.

15. Ranger et regrouper les contenants dans le frigo en fonction des journées et des recettes.

16. Remercier chacun des participants.

Cubes, condiments, sauces et Cie...

Cubes saveurs

Les cubes saveurs sont la valeur ajoutée, l'aspect le plus créatif de ce livre. Ils servent d'assaisonnement et façonneront en un tour de main la personnalité de plusieurs plats présentés ici. Ils se préparent en grande quantité, que l'on déverse dans des moules à glaçons et qu'on met ensuite au congélateur. Il suffit de les démouler pour obtenir une douzaine de savoureux glaçons qui se conservent dans des sacs refermables et qu'on sort du congélateur selon les envies du moment.

Chaque cube est d'inspiration et de saveur différentes : il y a les cubes asiatiques, provençaux, indiens, nord-américains, français, etc. Il y en a aussi aux herbes, aux saveurs amères ou aux agrumes. Interchangeables, les cubes s'utilisent souvent d'une recette à l'autre et outrepassent volontiers leur rôle de simples donneurs de goût aux plats. Ils aident à lier les sauces. C'est le cas des cubes pesto aux noix, par exemple. Ou encore des cubes verts, qui ne contiennent pas seulement des herbes (coriandre, persil émincé, aneth,

menthe), mais aussi des zestes, de la lime et de l'huile, ce qui apporte à la fois de la texture, de l'acidité, du gras et de la fraîcheur à vos plats.

Les cubes permettent aussi de réaliser des accords mets et vins. Par exemple, si toutes les bases de votre recette du jour ont été préparées avant l'arrivée de vos invités, vous pouvez choisir votre cube saveur en fonction des vins qu'ils ont apportés. Un merlot ? Sortez du congélateur un cube poivronnade et ajoutez-le à votre recette de cuisses de poulet braisées pour obtenir un accord parfait. Un riesling alors que vous avez concocté un bœuf braisé ? Pas de panique. Ajoutez un cube citron dans votre cocotte et le riesling s'accordera à merveille avec le bœuf.

Parce que ce qui définit bien souvent la personnalité d'un plat dans la cuisine de Danny, c'est le cube saveur.

Cubes* : mode d'emploi

Le soir où l'on planifie les repas de la semaine à venir, on s'assure d'avoir sous la main les cubes saveurs proposés dans les recettes choisies ou ceux dont on a envie. Au besoin, on en prépare une certaine quantité. Il y a des semaines où l'on peut en fabriquer trois mélanges, et d'autres semaines, zéro.

* Chaque cube correspond à une recette de quatre portions.

Cubes beurre noisette

Temps de préparation : **10 minutes**
Temps de cuisson : **15 minutes**
Rendement : **12 cubes**
ou environ 500 ml (2 tasses)
Congélation : **oui**

INGRÉDIENTS

454 g (1 lb) de beurre
100 ml (6 ½ c. à soupe)
de jus de citron

MÉTHODE

1. Dans une casserole, à l'aide d'un fouet, cuire le beurre à feu moyen jusqu'à ce qu'il devienne couleur noisette. Laisser reposer quelques minutes. **2.** Ajouter le jus de citron et bien mélanger. Verser dans un moule à glaçons et congeler. **3.** Une fois les cubes congelés, les démouler et les conserver au congélateur dans un sac refermable.

Cubes canneberges

Temps de préparation : **10 minutes**
Temps de cuisson : **10 minutes**
Rendement : **12 cubes**
ou environ 500 ml (2 tasses)
Congélation : **oui**

INGRÉDIENTS

500 ml (2 tasses) de canneberges séchées
500 ml (2 tasses) de vin rouge
Sel

MÉTHODE

1. Dans une casserole, mettre tous les ingrédients et cuire à feu moyen 10 minutes. Broyer avec un mélangeur à main pour obtenir une purée lisse. Verser la préparation dans un moule à glaçons et congeler.
2. Une fois les cubes congelés, les démouler et les conserver au congélateur dans un sac refermable.

Cubes citron

Temps de préparation : **10 minutes**
Temps de cuisson : **25 minutes**
Rendement : **12 cubes**
ou environ 310 ml (1 ¼ tasse)
Congélation : **oui**

INGRÉDIENTS

4 citrons, coupés en 4, les pépins retirés
15 ml (1 c. à soupe) de graines
de coriandre, écrasées
15 ml (1 c. à soupe) de sel
Poivre du moulin, au goût

MÉTHODE

1. Préchauffer le four à 180 °C (350 °F).
Mélanger tous les ingrédients et faire
une papillote avec du papier aluminium.
2. Cuire 25 minutes. Laisser tiédir, puis hacher.
Verser dans un moule à glaçons et congeler.
3. Une fois les cubes congelés,
les démouler et les conserver au congélateur
dans un sac refermable.

Cubes duxelles

Temps de préparation : **10 minutes**
Temps de cuisson : **20 minutes**
Rendement : **12 cubes**
ou environ 500 ml (2 tasses)
Congélation : **oui**

INGRÉDIENTS

500 ml (2 tasses) de champignons
shiitake, émincés
500 ml (2 tasses) de cidre
2 gousses d'ail, écrasées
100 ml (6 ½ c. à soupe) de persil frisé
haché (tiges et feuilles)

MÉTHODE

1. Réhydrater les champignons dans le cidre.
Lorsqu'ils sont tendres, les retirer et les hacher
au robot culinaire. Réserver le liquide.
2. Dans une casserole, mettre les champignons,
le cidre et l'ail. Cuire à feu doux jusqu'à
évaporation du liquide. Retirer du feu, ajouter
le persil et mélanger. Verser la préparation
dans un moule à glaçons et congeler.
3. Une fois les cubes congelés, les démouler
et les conserver au congélateur
dans un sac refermable.

Cubes échalotes au vin rouge

Temps de préparation : **10 minutes**
Temps de cuisson : **35 minutes**
Rendement : **12 cubes**
ou environ 500 ml (2 tasses)
Congélation : **oui**

INGRÉDIENTS

500 ml (2 tasses) d'échalotes françaises émincées
500 ml (2 tasses) de vin rouge
2 branches de romarin

MÉTHODE

1. Dans une casserole, mettre les échalotes et le vin. Couvrir et cuire à feu moyen 30 minutes. **2.** Retirer le couvercle, ajouter le romarin, réduire à sec. Laisser tiédir. Bien mélanger, verser dans un moule à glaçons et congeler. **3.** Une fois les cubes congelés, les démouler et les conserver au congélateur dans un sac refermable.

Cubes noirs

Temps de préparation : **10 minutes**
Temps de cuisson : **aucun**
Rendement : **12 cubes**
ou environ 500 ml (2 tasses)
Congélation : **oui**

INGRÉDIENTS

500 ml (2 tasses) d'olives noires, séchées au soleil, dénoyautées (marocaines)
100 ml (6 ½ c. à soupe) d'eau
100 ml (6 ½ c. à soupe) de moutarde de Dijon
100 ml (6 ½ c. à soupe) de sirop d'érable foncé

MÉTHODE

1. Broyer tous les ingrédients à l'aide d'un mélangeur à main. Verser la préparation dans un moule à glaçons et congeler.
2. Une fois les cubes congelés, les démouler et les conserver au congélateur dans un sac refermable.

Cubes oignon et bacon

Temps de préparation : **20 minutes**
Temps de cuisson : **20 minutes**
Rendement : **12 cubes**
ou environ 500 ml (2 tasses)
Congélation : **oui**

INGRÉDIENTS

2 gros oignons, coupés en dés
500 ml (2 tasses) de bacon coupé en dés
Épices de Montréal, au goût
125 ml (½ tasse) de crème à cuisson 15 %

MÉTHODE

1. Dans une poêle, à feu moyen, caraméliser les oignons avec le bacon. Ajouter les épices et déglacer avec la crème. Réduire de moitié. Verser la préparation dans un moule à glaçons et congeler. **2.** Une fois les cubes congelés, les démouler et les conserver au congélateur dans un sac refermable.

Cubes orange et tamarin

Temps de préparation : **10 minutes**
Temps de cuisson : **aucun**
Rendement : **12 cubes**
ou environ 500 ml (2 tasses)
Congélation : **oui**

INGRÉDIENTS

375 ml (1 ½ tasse) de jus d'orange concentré
Les zestes de **2** oranges finement râpés
100 ml (6 ½ c. à soupe) de jus de tamarin

MÉTHODE

1. Dans un bol, mélanger tous les ingrédients. Verser la préparation dans un moule à glaçons et congeler. **2.** Une fois les cubes congelés, les démouler et les conserver au congélateur dans un sac refermable.

Cubes pesto de noix

*Temps de préparation : **10 minutes***
*Rendement : **12 cubes***
ou environ 500 ml (2 tasses)
*Congélation : **oui***

INGRÉDIENTS

500 ml (2 tasses) de noix, au choix
125 ml (½ tasse) de parmesan râpé
125 ml (½ tasse) d'huile d'olive

MÉTHODE

1. Dans un cul-de-poule, verser les ingrédients et les broyer à l'aide d'un mélangeur à main. Verser la préparation dans un moule à glaçons et congeler. **2.** Une fois les cubes congelés, les démouler et les conserver au congélateur dans un sac refermable.

Cubes poivronnade

*Temps de préparation : **15 minutes***
*Temps de cuisson : **10 minutes***
*Rendement : **12 cubes***
ou environ 500 ml (2 tasses)
*Congélation : **oui***

INGRÉDIENTS

60 ml (¼ tasse) d'huile d'olive
500 ml (2 tasses) de poivrons rouges coupés en dés
1 petit oignon, coupé en dés
1 gousse d'ail, écrasée
60 ml (¼ de tasse) de pâte de tomate
5 ml (1 c. à thé) de pimentón (piquant ou doux)

MÉTHODE

1. Dans une poêle, chauffer l'huile et faire revenir les poivrons, l'oignon et l'ail 5 minutes à feu moyen. **2.** Ajouter la pâte de tomate et le pimentón, puis poursuivre la cuisson 5 minutes. Bien mélanger le tout. Verser la préparation dans un moule à glaçons et congeler. **3.** Une fois les cubes congelés, les démouler et les conserver au congélateur dans un sac refermable.

Cubes umami

Temps de préparation : **10 minutes**
Temps de cuisson : **aucun**
Rendement : **12 cubes**
ou environ 500 ml (2 tasses)
Congélation : **oui**

INGRÉDIENTS

250 ml (1 tasse) de pâte de tomate
60 ml (¼ tasse) de sauce de poisson
100 ml (6 ½ c. à soupe) de vinaigre balsamique
100 ml (6 ½ c. à soupe) de parmesan râpé

MÉTHODE

1. Dans un bol, mélanger tous les ingrédients. Verser la préparation dans un moule à glaçons et congeler. **2.** Une fois les cubes congelés, les démouler et les conserver au congélateur dans un sac refermable.

Cubes verts

*Temps de préparation : **10 minutes***
*Temps de cuisson : **aucun***
*Rendement : **12 cubes***
ou environ 500 ml (2 tasses)
*Congélation : **oui***

INGRÉDIENTS

1 botte (environ 500 ml ou 2 tasses)
de coriandre, émincée
1 botte (environ 500 ml ou 2 tasses)
de persil, émincé
1 botte (environ 75 ml ou ⅓ tasse) d'aneth, haché
1 botte (environ 250 ml ou 1 tasse)
de menthe, effeuillée
Les zestes et le jus de **2** limes
100 ml (6 ½ c. à soupe) d'huile d'olive

MÉTHODE

1. Mettre tous les ingrédients dans le récipient d'un mélangeur électrique, puis réduire en purée. Verser dans un moule à glaçons et congeler. **2.** Une fois les cubes congelés, les démouler et les conserver au congélateur dans un sac refermable.

Condiments, sauces et Cie...

Cuillerée d'Asie

*Temps de préparation : **10 minutes***
*Rendement : environ **500 ml (2 tasses)***
*Congélation : **oui***

INGRÉDIENTS

250 ml (1 tasse) de miso blanc
1 botte (environ 500 ml ou 2 tasses)
de coriandre hachée (feuilles et tiges)
30 ml (2 c. à soupe) de gingembre haché
30 ml (2 c. à soupe) d'huile de sésame
100 ml (6 ½ c. à soupe) d'oignons verts
émincés finement.

MÉTHODE

1. Dans un cul-de-poule, mélanger
tous les ingrédients.
2. Verser la préparation dans
un contenant hermétique et congeler.

Graines de moutarde

*Temps de préparation : **5 minutes***
*Temps de cuisson : **10 minutes***
*Rendement : **environ 250 ml (1 tasse)***

INGRÉDIENTS

250 ml (1 tasse) de graines de moutarde jaune
750 ml (3 tasses) de vinaigre de cidre
45 ml (3 c. à soupe) de sucre

MÉTHODE

1. Dans une casserole, mettre tous
les ingrédients et laisser mijoter jusqu'à
évaporation complète du liquide.
2. Verser dans un contenant hermétique
et conserver au réfrigérateur.

Raisins et câpres

Temps de préparation : **10 minutes**
Temps de macération : **24 heures**
Rendement : **environ 500 ml (2 tasses)**

INGRÉDIENTS

250 ml (1 tasse) de raisins déshydratés
250 ml (1 tasse) de câpres
60 ml (¼ tasse) d'huile d'olive
Le zeste et le jus de ½ orange

MÉTHODE

1. Rincer les câpres. Dans un bol, mélanger tous les ingrédients.
2. Mettre dans un contenant hermétique. Laisser macérer 24 heures à température ambiante avant consommation.

Ketchup maison

Temps de préparation : **15 minutes**
Temps de cuisson : **1 heure**
Rendement : **environ 500 ml (2 tasses)**

INGRÉDIENTS

1 boîte (796 ml / 28 oz) de tomates pelées, en dés
250 ml (1 tasse) de sirop d'érable
250 ml (1 tasse) d'oignons rouges hachés
125 ml (½ tasse) de vinaigre de cidre
37,5 ml (2 ½ c. à soupe) de cari de Madras
37,5 ml (2 ½ c. à soupe) d'huile végétale
15 ml (1 c. à soupe) de fécule de maïs
30 ml (2 c. à soupe) d'eau

MÉTHODE

1. Dans une casserole, verser tous les ingrédients, puis cuire à feu doux une heure. **2.** Lier avec de la fécule de maïs préalablement diluée dans l'eau. **3.** Verser dans un contenant hermétique et conserver au réfrigérateur.

Sauce à « spagate »

Temps de préparation : **15 minutes**
Temps de cuisson : **20 minutes**
Rendement : **environ 1,5 litre (6 tasses)**

INGRÉDIENTS

100 ml (6 ½ c. à soupe) d'huile d'olive
500 ml (2 tasses) d'oignons coupés en petits dés
250 ml (1 tasse) de carottes coupées
en petits dés
250 ml (1 tasse) de céleri coupé en petits dés
250 ml (1 tasse) de poivrons verts
coupés en petits dés
10 ml (2 c. à thé) d'origan, séché
2 boîtes (796 ml/28 oz) de tomates entières
Piment fort, au goût
Sel et poivre, au goût

LES ÉTAPES

1. Dans une casserole, chauffer l'huile d'olive
à feu vif. Ajouter les légumes et faire suer
10 minutes. **2.** Ajouter l'origan, les tomates
égouttées et écrasées avec les mains et le
piment fort. Cuire 15 minutes à feu moyen ou
jusqu'à tendreté des légumes. **3.** Verser dans
un contenant hermétique et congeler.

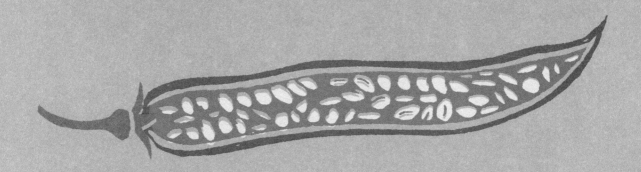

Tomates confites

*Temps de préparation : **5 minutes***
*Temps de cuisson : **2 h 30***
*Portions : **4***

INGRÉDIENTS

1 boîte (796 ml/28 oz) de tomates
italiennes entières et pelées
30 ml (2 c. à soupe) d'huile d'olive
1 pincée de sucre

LES ÉTAPES

1. Préchauffer le four à 150 °C (300 °F).
Égoutter les tomates. Dans un cul-de-poule,
mélanger l'huile, les tomates et le sucre.
2. Étaler les tomates sur une plaque de cuisson
recouverte de papier parchemin. Cuire au four
environ 2 h 30.

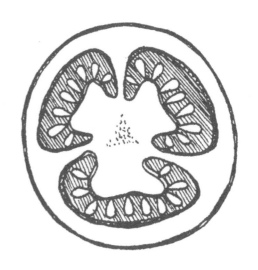

Mayonnaise aux herbes

Temps de préparation : **5 minutes**
Rendement : **environ 250 ml (1 tasse)**

INGRÉDIENTS

250 ml (1 tasse) de mayonnaise
1 cube vert *(p. 43)*

MÉTHODE

1. Dans un bol, bien mélanger les ingrédients.
2. Verser dans un contenant hermétique et conserver au réfrigérateur.

Vinaigrette de base

Temps de préparation : **5 minutes**
Rendement : **250 ml (1 tasse)**

INGRÉDIENTS

60 ml (¼ tasse) de vinaigre de cidre de bonne qualité
60 ml (¼ tasse) d'huile d'olive, extra-vierge
125 ml (½ tasse) d'huile végétale
15 ml (1 c. à soupe) de moutarde de Dijon

MÉTHODE

1. Mettre tous les ingrédients dans un contenant cylindrique.
2. Émulsionner à l'aide d'un mélangeur à main. **3.** Verser dans un contenant hermétique et conserver au réfrigérateur.

Les oiseaux

Ces petites bêtes se déclinent de façon étonnante en cuisine. On peut préparer des bouillons à partir des carcasses. On peut aussi pocher les poitrines ou les faire rôtir (sur le coffre, par exemple), braiser les cuisses ou griller les ailes (pour en faire des grignotines). Les oiseaux, malgré leurs petites tailles, offrent donc un très grand éventail de possibilités. Tout comme les lapins qui, ne serait-ce que par leurs tailles comparables, sont presque les cousins des oiseaux en ce qui a trait à la cuisson. Voilà pourquoi la plupart de nos recettes de volaille s'agencent également avec ces herbivores aux longues oreilles...

Ailes de poulet salées et pimentées

*Temps de préparation : **15 minutes***
*Temps de macération : **3 heures***
*Temps de cuisson : **35 minutes***
*Portions : **4 à 5***
*Congélation : **oui (marinées et crues)***

INGRÉDIENTS

20 ailes de poulet
1 gousse d'ail, hachée
1 oignon rouge, haché
60 ml (¼ tasse) de sauce de poisson
30 ml (2 c. à soupe) de gingembre haché
30 ml (2 c. à soupe) de sirop d'érable
30 ml (2 c. à soupe) de sauce sriracha

LES ÉTAPES

1. Dans un bol, mélanger tous les ingrédients. Couvrir et réfrigérer au moins 3 heures.
2. Préchauffer le four à 180 °C (350 °F).
3. Mettre les ingrédients sur une plaque de cuisson recouverte de papier parchemin.
4. Cuire au four 30 minutes, puis retourner les ailes. Poursuivre la cuisson sous le gril (*broil*) 5 minutes ou jusqu'à ce que les ailes soient bien dorées.

Coffres de poulet rôtis à la sauge

*Temps de préparation : **30 minutes***
*Temps de repos : **12 heures***
*Temps de cuisson : **40 minutes***
Portions : 4

INGRÉDIENTS

2 coffres d'un poulet de **2 kg (5 lb)**, sans le dos
1 botte de sauge
2 cubes beurre noisette *(p. 34)**
45 ml (3 c. à soupe) de gras de volaille
1 courge musquée, pelée et coupée
en quartiers de 2 cm
2 oignons rouges, coupés en quartiers
1 botte de ciboulette, coupée en bâtonnets
125 ml (½ tasse) de graines de citrouille
Sel et poivre, au goût

** Vous pouvez remplacer
les cubes beurre noisette par :*

45 ml (3 c. à soupe) de beurre ramolli
+ le zeste de ¼ de citron
+ **5 ml (1 c. à thé)** de jus de citron

LES ÉTAPES

1. Détacher délicatement la peau de la chair
des poitrines, puis glisser les feuilles de sauge
et le beurre noisette entre la peau et la chair.
Replacer la peau et laisser le poulet sécher
une nuit au réfrigérateur (la peau sera ainsi
plus croustillante). **2.** Préchauffer le four à
180 °C (350 °F). **3.** Dans un poêlon antiadhésif,
chauffer le gras de volaille et saisir les coffres
de poulet (côté peau). **4.** Retirer les coffres du
poêlon et ajouter les légumes. Remettre
les coffres, peau vers le haut, dans le poêlon
sur les légumes et cuire au four environ
30 minutes. Laisser reposer.
5. Retirer les poitrines des coffres à l'aide
d'un couteau. Déposer les poitrines dans les
assiettes et accompagner de légumes et de jus
de cuisson. Garnir de ciboulette et de pépins
de citrouille. Servir.

Cuisses de poulet braisées

Temps de préparation : **25 minutes**
Temps de cuisson : **2 heures**
Portions : **4**

INGRÉDIENTS

4 cuisses de poulet sans peau
et manchonnées (bouts de pattes coupés)
60 ml (¼ tasse) de gras de volaille
150 ml (⅔ tasse) d'oignons coupés en dés
100 ml (6 ½ c. à soupe) de carotte
coupée en dés
100 ml (6 ½ c. à soupe) de céleri coupé en dés
2 gousses d'ail, écrasées
15 ml (1 c. à soupe) de pâte de tomate
15 ml (1 c. à soupe) de farine
250 ml (1 tasse) de cidre
500 ml (2 tasses) d'eau
1 feuille de laurier
60 ml (¼ tasse) de cuillerée d'Asie *(p. 45)**
Sel et poivre, au goût

LES ÉTAPES

1. Assaisonner les cuisses de poulet.
2. Dans un faitout, chauffer le gras de volaille
et saisir les cuisses à feu moyen.
3. Ajouter les légumes et l'ail et caraméliser.
4. Ajouter la pâte de tomate et la farine.
Bien mélanger. Mouiller avec le cidre et l'eau.
5. Ajouter la feuille de laurier, la cuillerée
d'Asie, le sel et le poivre. Braiser à couvert
et à feu doux pendant 2 heures. Laisser reposer
les cuisses de poulet quelques minutes dans la
sauce avec la garniture avant de servir.

** Vous pouvez remplacer
la cuillerée d'Asie par :*

45 ml (3 c. à soupe) de miso blanc
+ **10 ml (2 c. à thé)** de gingembre râpé
+ **60 ml (¼ tasse)** de coriandre hachée

Rouleaux de poulet à la saucisse italienne

*Temps de préparation : **15 minutes***
*Temps de cuisson : **35 minutes***
*Portions : **4***

INGRÉDIENTS

6 hauts de cuisse de poulet désossés
et sans la peau
2 saucisses italiennes douces sans boyau
4 cubes poivronnade *(p. 40)*
30 ml (2 c. à soupe) d'huile végétale
Sel et poivre, au goût

LES ÉTAPES

1. Étaler les hauts de cuisse de poulet trois par trois sur une pellicule plastique. Aplatir les hauts de cuisse à l'aide d'un maillet à viande ou d'un poêlon pour obtenir deux rectangles de volaille. **2.** Déposer les rectangles de poulet sur une nouvelle pellicule plastique. Étaler la chair à saucisse sur les rectangles de poulet, puis les rouler délicatement. **3.** Envelopper chaque rouleau de pellicule plastique et bien nouer les extrémités. Envelopper ensuite chaque rouleau de papier d'aluminium. Dans une bassine d'eau frémissante, cuire les rouleaux à couvert 30 minutes. **4.** Dans un poêlon, chauffer les cubes de poivronnade. Réserver. **5.** Couper chaque rouleau de poulet et saucisse en quatre morceaux. Dans une poêle, chauffer l'huile et saisir les morceaux de chaque côté. **6.** Déposer deux morceaux de poulet dans chaque assiette, sur un lit de poivronnade. Accompagner de salade de riz et poivrons au feta. Servir aussitôt.

+ Salade de riz et poivrons au feta

*Temps de préparation : **15 minutes***
*Temps de cuisson : **20 minutes***
*Portions : **4***

INGRÉDIENTS

500 ml (2 tasses) de riz au jasmin
125 ml (½ tasse) de poivrons verts
coupés en dés fins
125 ml (½ tasse) de céleri tranché finement
30 ml (2 c. à soupe) d'oignon rouge haché
125 ml (½ tasse) de fromage feta émietté
30 ml (2 c. à soupe) de persil haché
60 ml (¼ tasse) de vinaigrette
de base *(p. 52)*

LES ÉTAPES

1. Dans une casserole, mélanger le riz
et 1 litre (4 tasses) d'eau. Porter à ébullition.
Couvrir et réduire la température au minimum.
Cuire environ 20 minutes. Laisser refroidir.
2. Dans un bol, mélanger le riz, les légumes,
le feta et le persil. Incorporer la vinaigrette
et bien mélanger. Servir.

Salade de poulet et quinoa

Temps de préparation : **15 minutes**
Temps de cuisson : **30 minutes**
Portions : **4**

INGRÉDIENTS

2 poitrines de poulet sans peau
d'environ **200 g (7 oz)**
1 litre (4 tasses) de bouillon
de poulet *(p. 76)*
250 ml (1 tasse) de quinoa cuit
60 ml (¼ tasse) de vinaigrette
de base *(p. 52)*
125 ml (½ tasse) de condiment
raisins et câpres *(p. 47)**
½ tête de radicchio
½ tête de laitue romaine
60 ml (¼ tasse) d'oignon rouge haché
60 ml (¼ tasse) de persil haché
Sel et poivre, au goût

** Vous pouvez remplacer le condiment
raisins et câpres par :*

60 ml (¼ tasse) de raisins secs
réhydratés dans l'eau et égouttés
+ 60 ml (¼ tasse) de câpres rincées
+ zeste d'orange, au goût

LES ÉTAPES

1. Dans une casserole, porter le bouillon
de poulet à ébullition, puis y plonger les
poitrines. **2.** Retirer du feu et laisser pocher
30 minutes. (Les poitrines cuites se conservent
au réfrigérateur cinq jours.) **3.** Mélanger tous
les autres ingrédients pour faire une belle
salade. **4.** Couper les poitrines en lanières.
Déposer les lanières sur la salade. Servir.

Schnitzel de dindon

*Temps de préparation : **15 minutes***
*Temps de cuisson : **10 minutes***
*Portions : **4***

INGRÉDIENTS

1 poitrine de dindon
250 ml (1 tasse) de panko (chapelure japonaise)
125 g (½ tasse) de beurre
60 ml (¼ tasse) d'huile végétale
1 citron, en quartiers
Sel et poivre, au goût

LES ÉTAPES

1. Couper la poitrine de dindon en quatre parties égales. Couvrir les morceaux de poitrine de pellicule plastique. **2.** À l'aide d'un maillet à viande ou d'un poêlon, aplatir les poitrines jusqu'à une épaisseur d'environ 1 cm. **3.** Assaisonner les escalopes de sel et de poivre, puis les recouvrir de panko. **4.** Dans une poêle, à feu moyen, faire fondre le beurre et l'huile végétale. Saisir les escalopes de chaque côté, à feu élevé, jusqu'à ce qu'elles soient bien dorées. **5.** Déposer une escalope dans chaque assiette. Accompagner de salade de pommes de terre et cornichons à l'aneth. Garnir chaque assiette d'un quartier de citron. Servir.

✚ Salade de pommes de terre et cornichons à l'aneth

Temps de préparation : *15 minutes*
Temps de cuisson : *15 minutes*
Portions : *4*

INGRÉDIENTS

8 pommes de terre rattes
100 ml (6 ½ c. à soupe) de mayonnaise
100 ml (6 ½ c. à soupe) de yaourt méditerranéen
1 botte (environ 75 ml ou ⅓ tasse)
d'aneth, ciselée
4 concombres libanais, coupés en rondelles fines
2 gros cornichons sucrés, coupés en rondelles fines
100 ml (6 ½ c. à soupe) d'oignon rouge haché
Sel et poivre, au goût

LES ÉTAPES

1. Dans une casserole, blanchir les pommes de terre en les plongeant rapidement dans l'eau bouillante. Laisser refroidir, puis les couper en rondelles. **2.** Dans un cul-de-poule, mélanger les pommes de terre, les concombres, les cornichons et l'oignon. **3.** Ajouter la mayonnaise, le yaourt et l'aneth. Rectifier l'assaisonnement et servir.

Tartine de dindon Buffalo

Temps de préparation : **30 minutes**
Temps de cuisson : **3 heures**
Portions : **4**

INGRÉDIENTS

2 cuisses de dindon sans la peau
125 ml (½ tasse) de beurre
125 ml (½ tasse) de vinaigre de cidre
60 ml (¼ de tasse) de sauce sriracha
250 ml (1 tasse) d'oignons rouges hachés
2 gousses d'ail
60 ml (¼ de tasse) de mayonnaise
60 ml (¼ de tasse) de yaourt grec
15 ml (1 c. à soupe) de jus de citron
125 ml (½ tasse) de fromage bleu émietté
4 tranches de pain de ménage
1 tête de laitue romaine
125 ml (½ tasse) de radis
tranchés en fines rondelles
60 ml (¼ de tasse) d'oignons verts ciselés
Sel et poivre, au goût

LES ÉTAPES

1. Préchauffer le four à 160 °C (325 °F).
2. Dans une cocotte, mettre les cuisses
de dindon, le beurre, le vinaigre, la sauce
sriracha, les oignons et l'ail. Cuire au four
à couvert 3 heures. **3.** Retirer les cuisses,
puis les désosser. Mélanger la chair
des cuisses avec la sauce de cuisson. Réserver.
4. Faire la vinaigrette. Dans un bol, mélanger
la mayonnaise, le yaourt, le jus de citron et le
fromage bleu. Réserver. **5.** Tartiner la chair
de dindon sur les tranches de pain de ménage.
Passer sous le gril (*broil*) jusqu'à ce que
le pain soit croustillant et la viande, chaude.
6. Dresser la laitue, les radis et les oignons
verts avec la vinaigrette sur les tartines.
Servir aussitôt.

Bouillon de poulet

Temps de préparation : **15 minutes**
Temps de cuisson : **45 minutes**
Rendement : **2 litres**

INGRÉDIENTS

1 carcasse de poulet concassée avec la peau
1 gros oignon
1 carotte
1 branche de céleri, coupée en tronçons
2 gousses d'ail, écrasées
1 feuille de laurier
1 pincée de muscade
1 clou de girofle
Sel et poivre, au goût

LES ÉTAPES

1. Dans un faitout d'une capacité de 5 litres, mettre tous les ingrédients et couvrir d'eau froide. **2.** Cuire à feu doux environ 45 minutes.
3. Filtrer le liquide à l'aide d'une passoire.
4. Verser dans un contenant hermétique. Réfrigérer ou congeler.

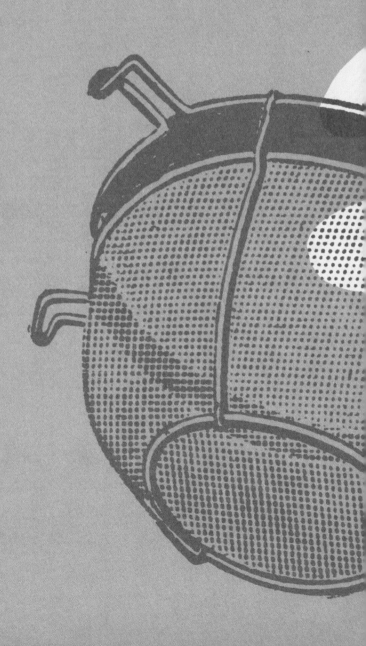

Les quadrupèdes

Ils ne se limitent pas seulement aux filets mignons.
Avec un peu d'imagination (et les bons conseils de votre boucher),
il est possible de cuisiner des recettes savoureuses avec des pièces moins
nobles et moins coûteuses, comme l'épaule, les cuisses, le cou ou les
jarrets. Et, à la diférence des volailles, dont on cuisine surtout
les membres (cuisses, poitrines, ailes), les quadrupèdes ont généralement
une corpulence qui permet d'isoler leurs différents muscles, par exemple,
la macreuse pour ensuite les travailler de façon très intéressante,
selon leur tonus et leur quantité de gras. Les éléments de base à retenir
pour les quadrupèdes ? Les choix de coupes et la durée de cuisson.

Cuisses de lapin et grelots confits

Temps de préparation : **25 minutes**
Temps de macération : **12 heures**
Temps de cuisson : **4 heures**
Temps de repos : **30 minutes**
Portions : **4**

INGRÉDIENTS

4 cuisses de lapin
8 pommes de terre grelots
125 ml (½ tasse) de gras de volaille
60 ml (¼ tasse) de condiment graines
de moutarde *(p. 45)**
100 ml (6 ½ c. à soupe) d'oignon
rouge haché
1 botte de cresson
2 poires d'Anjou rouges bien mûres,
coupées en lanières
Sel et poivre, au goût

** Vous pouvez remplacer le condiment
graines de moutarde par :*

30 ml (2 c. à soupe) de moutarde à l'ancienne

LES ÉTAPES

1. Saler et poivrer les cuisses de lapin.
2. Dans un sac de congélation, mettre
les cuisses de lapin, les pommes de terre
grelots, le gras de volaille et le condiment
graines de moutarde. Laisser mariner 12 heures
au réfrigérateur. **3.** Mettre le sac bien scellé
dans un faitout et le couvrir d'eau. Placer un
second sac refermable rempli d'eau au-dessus
du premier pour garder ce dernier submergé.
Cuire 4 heures à 71 °C (160 °F). Retirer le sac
du faitout et le laisser reposer 30 minutes.
4. Déposer les cuisses sur un lit de cresson
et d'oignon rouge, entouré de pommes
de terre. Napper de gras de cuisson.
Garnir de lanières de poires. Servir.

Tartare de veau

Temps de préparation : **15 minutes**
Temps de cuisson : **aucun**
Portions : **4**

INGRÉDIENTS

500 g (1 lb) d'épaule de veau de grain,
hachée finement au couteau
2 jaunes d'œufs
30 ml (2 c. à soupe) de sauce de poisson
30 ml (2 c. à soupe) de sauce sriracha
60 ml (¼ tasse) d'huile d'olive
60 ml (¼ tasse) d'oignon rouge haché
60 ml (¼ tasse) de coriandre fraîche hachée
125 ml (½ tasse) de graines de courge
ou de citrouille grillées
1 pointe d'ail
4 tranches de pain de ménage, grillées
Sel et poivre, au goût

LES ÉTAPES

1. Dans un bol, bien mélanger la viande
avec les condiments, les légumes et l'ail.
2. Dresser le tartare dans quatre assiettes.
Accompagner de pain grillé. Servir.

Blanquette de veau

Temps de préparation : **30 minutes**
Temps de cuisson : **3 heures**
Portions : **4**

INGRÉDIENTS

1 palette de veau de grain d'environ **500 g (1 lb)**
1 blanc de poireau, coupé en tronçons
500 ml (2 tasses) de vin blanc
Eau en quantité suffisante
1 feuille de laurier
1 clou de girofle
Une pincée de muscade
8 carottes avec leurs fanes, pelées
8 pommes de terre grelots
250 ml (1 tasse) de crème 35 %
6 jaunes d'œufs
30 ml (2 c. à soupe) de condiment graines
de moutarde *(p. 45)**
125 ml (½ tasse) de persil frisé haché
Sel et poivre, au goût

** Vous pouvez remplacer le condiment
graines de moutarde par :*

20 ml (4 c. à thé) de moutarde à l'ancienne

LES ÉTAPES

1. Préchauffer le four à 160 °C (325 °F).
2. Assaisonner la palette. Dans une cocotte,
mettre la palette de veau et le poireau. Couvrir
de vin et d'eau. Ajouter la feuille de laurier,
le clou de girofle et la pincée de muscade.
Braiser à couvert, au four, pendant 2 h 30.
3. Retirer la cocotte du four. Ajouter
les carottes et les pommes de terre. Poursuivre
la cuisson au four, 30 minutes. Retirer.
4. Filtrer et transvider le jus de cuisson dans
une casserole. Amener le liquide à ébullition,
puis éteindre le feu. **5.** Dans un cul-de-poule,
mélanger la crème, les jaunes d'œufs
et le condiment graines de moutarde,
puis ajouter le mélange au jus de cuisson.
6. Réchauffer doucement la sauce jusqu'à
l'obtention d'une consistance onctueuse,
en s'assurant qu'elle ne bouille pas.
Ajouter le persil. Napper la viande
et les légumes de sauce. Servir.

Côte de veau et légumes au barbecue

Temps de préparation : **30 minutes**
Temps de cuisson : **15 minutes**
Portions : **4**

INGRÉDIENTS

12 pommes de terre grelots
125 g (½ tasse) de beurre ramolli
2 cubes umami *(p. 42)**
60 ml (¼ tasse) d'huile d'olive
4 côtes de veau de grain
12 grosses asperges
12 oignons verts
125 ml (½ tasse) de persil plat effeuillé
Sel et poivre, au goût

** Vous pouvez remplacer
les cubes umami par :*

15 ml (1 c. à soupe) de pâte de tomate
+ 7,5 ml (½ c. à soupe) de vinaigre balsamique
+ 30 ml (2 c. à soupe) de parmesan râpé

LES ÉTAPES

1. Dans une casserole, blanchir les pommes de terre en les plongeant rapidement dans l'eau bouillante. **2.** Préchauffer le barbecue au maximum. Mélanger le beurre et les cubes umami. Huiler les côtes de veau et les légumes. Assaisonner. **3.** Cuire les côtes sur le gril à la cuisson désirée et laisser reposer 5 minutes. **4.** Cuire les légumes sur le gril. Retirer. **5.** Réchauffer les côtes sur le gril, puis les tartiner de beurre savoureux. **6.** Dresser les assiettes avec les côtes et les légumes. Garnir de persil. Servir.

Filet de veau aux canneberges

Temps de préparation : **15 minutes**
Temps de cuisson : **30 minutes**
Portions : **4**

INGRÉDIENTS

12 pommes de terre grelots
45 ml (3 c. à soupe) de beurre
4 pavés de filet de veau de grain
de 150 g (5 oz) chacun
2 cubes canneberges *(p. 34)**
125 ml (½ tasse) de jus de viande *(p. 118)*
60 ml (¼ tasse) d'oignon vert ciselé
1 gros bouquet de cresson
60 ml (¼ tasse) de vinaigrette
de base *(p. 52)*
Sel et poivre, au goût

* *Vous pouvez remplacer*
les cubes canneberges par :

30 ml (2 c. à soupe) de gelée de canneberges
+ **15 ml (1 c. à soupe)** de sirop d'érable
+ **30 ml (2 c. à soupe)** de vin rouge

LES ÉTAPES

1. Dans une casserole, blanchir les pommes
de terre en les plongeant rapidement dans l'eau
bouillante. Laisser refroidir, puis les couper
en deux. **2.** Dans une poêle, chauffer 30 ml
(2 c. à soupe) de beurre et y saisir les filets
de veau à feu vif. Réduire à feu moyen et porter
les filets à la cuisson désirée. Laisser reposer.
3. En même temps, dans un second poêlon,
chauffer le reste du beurre, puis faire revenir
et dorer les pommes de terre grelots.
4. Retirer les filets du premier poêlon, y ajouter
les cubes canneberges, le jus de viande
et l'oignon vert. Réchauffer.
5. Dresser les filets et les grelots dans
des assiettes. Napper de sauce.

Épaule de porc braisée

*Temps de préparation : **20 minutes***
*Temps de cuisson : **3 heures***
*Portions : **8***

INGRÉDIENTS

1 rôti d'épaule de porc picnic d'environ
600 g (1⅓ lb)
30 ml (2 c. à soupe) d'huile végétale
500 ml (2 tasses) de carottes,
céleri et oignons coupés en dés
2 gousses d'ail, écrasées
1 feuille de laurier
1 boîte (796 ml/28 oz) de tomates
pelées, en dés
250 ml (1 tasse) de persil italien effeuillé
250 ml (1 tasse) de parmesan râpé
1 casseau de tomates cerises sur vigne, bien mûres
Ketchup maison (*p. 47*)
Sel et poivre, au goût

LES ÉTAPES

1. Assaisonner l'épaule de porc.
2. Dans une cocotte, chauffer l'huile et saisir
l'épaule. **3.** Ajouter les légumes et les faire
rissoler. Ajouter l'ail, la feuille de laurier,
puis mouiller avec les tomates. Assaisonner
et couvrir. **4.** Braiser à feu doux 3 heures.
5. Désosser et effilocher la viande. Répartir
la viande effilochée dans huit assiettes.
Surmonter les portions de viande de frites
de polenta, de persil, de parmesan et de tomates
cerises. Accompagner de ketchup maison.

+ Frites de polenta

*Temps de préparation : **5 minutes***
*Temps de réfrigération : **1 heure***
*Temps de cuisson : **30 minutes***
*Portions : **8***

INGRÉDIENTS

750 ml (3 tasses) de lait
30 ml (2 c. à soupe) de base
de bouillon de poulet
250 ml (1 tasse) de polenta
(semoule de maïs nº 400)
250 ml (1 tasse) de vieux cheddar

LES ÉTAPES

1. Dans une casserole, mettre le lait, la base
de bouillon de poulet et la polenta, puis porter
à ébullition à feu vif, en fouettant. Couvrir,
puis laisser mijoter à feu doux 30 minutes ou
selon les indications sur l'emballage.
2. Retirer du feu. Incorporer le cheddar à
la polenta et brasser. Verser dans un plat
étroit pour lui donner une épaisseur de 2 cm.
3. Laisser refroidir au réfrigérateur une heure.
4. Tailler en bâtonnets de 2 cm × 2 cm × 5 cm.
Tremper les bâtonnets dans la semoule de maïs.
Cuire à la friteuse à 190 °C (375 °F) jusqu'à
ce qu'ils soient bien dorés. Servir.

Carbonnade de lard et de rutabagas

Temps de préparation : **30 minutes**
Temps de cuisson : **3 heures**
Portions : **4**

INGRÉDIENTS

500 g (1 lb) de flanc de porc
60 ml (4 c. à soupe) d'huile végétale
500 ml (2 tasses) de bière brune
100 ml (6 ½ c. à soupe) de sirop d'érable
500 ml (2 tasses) d'eau
250 ml (1 tasse) de rutabagas coupés en cubes
500 ml (2 tasses) d'oignons blancs
coupés en lanières
60 ml (¼ de tasse) de beurre
500 ml (2 tasses) de pain rassis taillé en cubes
30 ml (2 c. à soupe) d'huile végétale
1 gousse d'ail, écrasée
250 ml (1 tasse) de fromage
Alfred le Fermier râpé
125 ml (½ tasse) de persil italien ciselé
Le zeste d'une orange
Sel et poivre, au goût

LES ÉTAPES

1. Préchauffer le four à 160 °C (325 °F).
2. Assaisonner le flanc de porc.
Dans une cocotte, chauffer 30 ml (2 c. à soupe)
d'huile et saisir le flanc. Déglacer à la bière et
au sirop d'érable. Ajouter l'eau et les rutabagas.
Braiser au four à couvert pendant 3 heures.
3. Dans une poêle, faire brunir les oignons
dans le beurre. Réserver. **4.** Retirer le flanc
de la cocotte, puis le tailler en cubes.
Dans un plat à gratin, mettre les cubes de porc,
les rutabagas et les oignons. Assaisonner.
5. Dans un bol, mélanger le pain, 30 ml
(2 c. à soupe) d'huile et l'ail. Couvrir le mélange
de porc avec le pain à l'ail et le fromage.
Mettre au four sous le gril (*broil*) pour gratiner.
6. À la sortie du four, ajouter le zeste d'orange
et le persil. Servir.

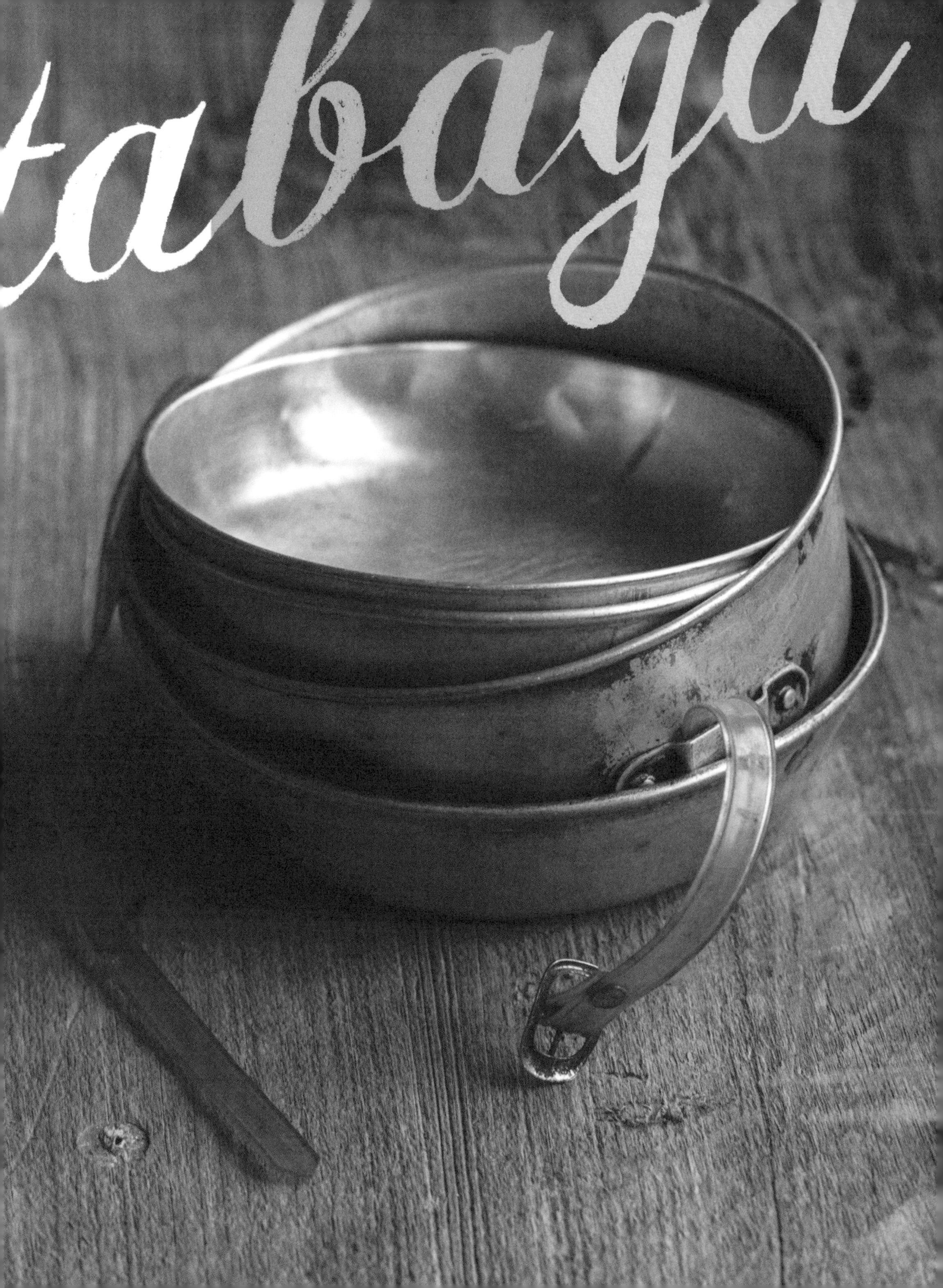
tabaga

Macreuse de bœuf braisée

*Temps de préparation : **30 minutes***
*Temps de cuisson : **4 heures***
*Portions : **4***

INGRÉDIENTS

4 pavés de macreuse de bœuf
de **225 g (8 oz)** chacun
15 ml (1 c. à soupe) de beurre
125 ml (½ tasse) de carotte coupée en dés
125 ml (½ tasse) de céleri coupé en dés
2 gousses d'ail, écrasées
15 ml (1 c. à soupe) de pâte de tomate
15 ml (1 c. à soupe) de farine
500 ml (2 tasses) de vin rouge
500 ml (2 tasses) d'eau
1 feuille de laurier
Sel et poivre, au goût

LES ÉTAPES

1. Dans un faitout, saisir les pavés dans le beurre, à feu moyen. **2.** Ajouter les légumes et caraméliser. **3.** Ajouter la pâte de tomate et la farine. Bien mélanger. Mouiller avec le vin rouge et l'eau. Ajouter la feuille de laurier, le sel et le poivre. **4.** Braiser à couvert 4 heures, à feu doux. **5.** Réserver dans la sauce avec la garniture avant de servir.

Note
En effiloché, la macreuse se sert aussi très bien avec des pâtes. Il est aussi possible de filtrer le jus à la passoire pour obtenir une sauce plus raffinée.

Farfalles aux boulettes de saucisse

Temps de préparation : **15 minutes**
Temps de cuisson : **15 minutes**
Portions : *4*

INGRÉDIENTS

4 saucisses italiennes fortes
1 boîte 454 g (1 lb) de farfalles
30 ml (2 c. à soupe) d'huile d'olive
1 bulbe de fenouil, tranché finement
4 cubes poivronnade *(p. 40)*
2 cubes pesto de noix *(p. 40)**
60 ml (¼ tasse) de condiment
raisins et câpres *(p. 47)***
125 ml (½ tasse) de parmesan râpé
125 ml (½ tasse) de persil plat haché
125 ml (½ tasse) de pain rassis
émietté et grillé
Sel et poivre, au goût

LES ÉTAPES

1. Prélever la chair des saucisses et façonner des boulettes de 30 g (2 c. à soupe).
2. Dans une casserole d'eau bouillante salée, cuire les pâtes selon les directives du fabricant. Conserver 125 ml (½ tasse) d'eau de cuisson, puis les égoutter. **3.** Dans une poêle, chauffer l'huile et faire rissoler les boulettes à feu moyen. Ajouter le fenouil, couvrir et poursuivre la cuisson 5 minutes. **4.** Ajouter les cubes poivronnade, pesto de noix, le condiment raisins et câpres, les pâtes et l'eau de cuisson. Réduire jusqu'à ce que le mélange nappe.
5. Couvrir de parmesan, de persil et de pain grillé. Servir.

* Vous pouvez remplacer les cubes pesto de noix par :

45 ml (3 c. à soupe) *de pesto de noix du commerce*

** Vous pouvez remplacer le condiment raisins et câpres par :

40 ml (8 c. à thé) *de raisins secs réhydratés dans l'eau et égouttés*
+ 20 ml (4 c. à thé) *de câpres rincées*
+ *zeste d'orange, au goût*

Les poissons

On veut tous manger plus de poisson, mais on ne sait pas toujours comment le choisir ou le préparer. S'il vaut mieux consommer du poisson frais et entier, dans le doute, je préfère cuisiner avec un poisson qui a été surgelé de façon adéquate… et le décongeler moi-même. Il faut dire que j'aime beaucoup l'idée de prendre des produits courants pour ensuite les transformer à l'aide de techniques inventives. Parce que cela permet de concocter des plats savoureux avec un gratin, par exemple, ou avec une conserve de thon.

Chaudrée de moules au maïs et à la pancetta

Temps de préparation : **15 minutes**
Temps de cuisson : **20 minutes**
Portions : **4**

INGRÉDIENTS

250 ml (1 tasse) d'oignons espagnols hachés
125 ml (½ tasse) de céleri coupé en dés
125 ml (½ tasse) de pancetta douce hachée
125 ml (½ tasse) de vin blanc
500 ml (2 tasses) de pommes de terre Russet
coupées en dés d'environ 1 cm
500 ml (2 tasses) de maïs sucré en grains
500 ml (2 tasses) de crème 35 %
454 g (1 lb) de moules, nettoyées
125 ml (½ tasse) d'oignons verts ciselés
Sel et poivre, au goût

LES ÉTAPES

1. Dans une casserole, faire suer l'oignon, le céleri et la pancetta, puis déglacer au vin blanc. **2.** Ajouter les pommes de terre, le maïs et la crème. Cuire environ 15 minutes à feu moyen. **3.** Ajouter les moules. Cuire à couvert, jusqu'à ce que les moules s'ouvrent, environ 3 ou 4 minutes. **4.** Rectifier l'assaisonnement. Garnir d'oignons verts. Servir.

Guacamole aux crevettes

Temps de préparation : **15 minutes**
Temps de cuisson : **30 minutes**
Portions : **4**

Ingrédients

2 avocats mûrs
250 ml (1 tasse) de crevettes nordiques
125 ml (½ tasse) d'oignon rouge haché
Le jus et le zeste d'une lime
15 ml (1 c. à soupe) de sauce sriracha
60 ml (¼ tasse) d'huile d'olive
125 ml (½ tasse) de coriandre effeuillée
Chips de maïs de bonne qualité

Les étapes

1. Couper les avocats en deux à l'horizontale.
Retirer la chair et réserver les coquilles pour
la présentation. **2.** Dans un bol, écraser la chair
des avocats à la fourchette. Ajouter les crevettes,
l'oignon, le jus et le zeste de lime, la sauce
sriracha et l'huile d'olive. Bien mélanger.
3. Garnir les coquilles d'avocats de guacamole.
Décorer de coriandre et de chips de maïs.
Servir.

Tartare de truite

Temps de préparation : **15 minutes**
Temps de cuisson : **aucun**
Portions : **4**

INGRÉDIENTS

500 g (1 lb) de filet de truite arc-en-ciel, haché finement au couteau
60 ml (¼ tasse) de persil haché
60 ml (¼ tasse) d'oignon rouge haché
60 ml (¼ tasse) de mayonnaise
15 ml (1 c. à soupe) de sauce sriracha
15 ml (1 c. à soupe) de câpres hachées
15 ml (1 c. à soupe) de cornichons surs hachés
10 ml (2 c. à thé) de moutarde de Dijon
10 ml (2 c. à thé) de ketchup du commerce
1 pointe d'ail
4 généreuses poignées de chips de pommes de terre de qualité
500 ml (2 tasses) de roquette
Sel et poivre, au goût

LES ÉTAPES

1. Dans un bol, bien mélanger la truite avec les condiments. Dresser le tartare à plat dans quatre assiettes. **2.** Garnir de chips et de roquette. Servir aussitôt.

Croquettes d'aiglefin

*Temps de préparation : **15 minutes***
*Temps de cuisson : **20 minutes***
*Portions : **6 à 8***

INGRÉDIENTS

250 ml (1 tasse) d'oignons hachés
1 gousse d'ail écrasée
60 ml (¼ tasse) d'huile d'olive
160 g (5 ½ oz) d'aiglefin frais
60 ml (¼ tasse) de pommes de terre en flocons
1 œuf
250 ml (1 tasse) de panko (chapelure japonaise)
Mayonnaise aux herbes *(p. 52)*
Lime en quartiers
Sel et poivre, au goût

LES ÉTAPES

1. Dans une casserole, faire suer l'oignon et l'ail dans l'huile d'olive.
2. Ajouter le poisson et cuire 5 minutes, à couvert. **3.** Ajouter les pommes de terre en flocons et brasser pour en faire une pâte.
4. Laisser refroidir. Ajouter l'œuf.
5. Façonner la préparation en boulettes de 30 g (2 c. à soupe). Rouler les boulettes dans le panko, puis les frire dans l'huile. Servir aussitôt avec la mayonnaise aux herbes et des quartiers de lime.

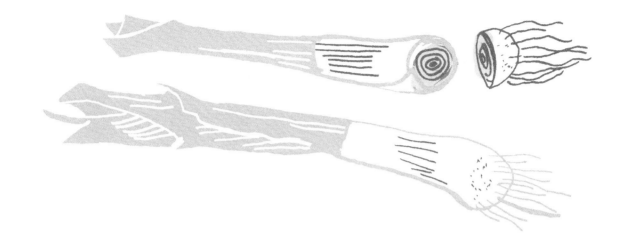

Gratin de sole aux poireaux

Temps de préparation : **20 minutes**
Temps de cuisson : **20 minutes**
Portions : **6 à 8**

INGRÉDIENTS

12 pommes de terre grelots
1 litre (4 tasses) de poireaux coupés en dés
2 gousses d'ail écrasées
60 ml (¼ tasse) de beurre
125 ml (½ tasse) de cidre
1 pincée de muscade
500 ml (2 tasses) de crème à cuisson 15 %
125 ml (½ tasse) de persil haché
500 g (1 lb) de filets de sole
250 ml (1 tasse) de pain rassis concassé
125 ml (½ tasse) de romano râpé
Sel et poivre, au goût

LES ÉTAPES

1. Préchauffer le four à 200 °C (400 °F).
2. Dans une casserole, blanchir les pommes de terre en les plongeant rapidement dans l'eau bouillante. Laisser refroidir, puis les trancher. Réserver. **3.** Dans une poêle, faire suer les poireaux avec l'ail dans la moitié du beurre. Déglacer avec le cidre, ajouter la pincée de muscade et réduire de moitié.
4. Ajouter la crème et réduire de moitié. Ajouter le persil haché. **5.** Garnir les filets de sole de ce mélange, puis les rouler. Déposer les rouleaux dans quatre plats à gratin, ajouter les grelots et napper avec le reste de la préparation. **6.** Mélanger le pain, le reste de beurre et le romano, et en couvrir les rouleaux de sole. Cuire au four 15 minutes, puis passer sous le gril (*broil*) quelques minutes pour compléter la coloration. Servir.

Tomates provençales

*Temps de préparation : **20 minutes***
*Temps de cuisson : **30 minutes***
Portions : 4

INGRÉDIENTS

4 grosses tomates sur vigne
250 ml (1 tasse) d'oignons blancs émincés
4 gousses d'ail hachées
90 ml (6 c. à soupe) d'huile d'olive
15 ml (1 c. à soupe) d'herbes de Provence
1 boîte de thon, égoutté
Le jus et le zeste d'un citron
250 ml (1 tasse) de chapelure
30 ml (2 c. à soupe) d'huile d'olive
30 ml (2 c. à soupe) de romano râpé
4 œufs mollets
Sel et poivre, au goût

LES ÉTAPES

1. Préchauffer le four à 180 °C (350 °F). Couper les tomates en deux à l'horizontale et les épépiner. Mettre les tomates sur une plaque de cuisson recouverte de papier parchemin. **2.** Dans une casserole, faire suer l'oignon et l'ail dans 30 ml (2 c. à soupe) d'huile d'olive. Ajouter les herbes, le thon, le citron et mélanger. **3.** Farcir les tomates avec la préparation au thon. Dans un bol, mélanger la chapelure, le romano et le reste d'huile d'olive. Recouvrir les tomates farcies avec le mélange. Cuire au four 30 minutes. **4.** Servir les tomates chaudes accompagnées d'un œuf mollet coupé en deux et de salade de haricots.

+ Salade de haricots verts

*Temps de préparation : **10 minutes***
*Temps de cuisson : **5 minutes***
Portions : 4

INGRÉDIENTS

500 ml (2 tasses) de haricots verts
60 ml (¼ tasse) de vinaigrette de base *(p. 52)*
60 ml (¼ tasse) de persil haché
Sel et poivre, au goût

LES ÉTAPES

1. Dans une casserole, cuire les haricots dans l'eau bouillante quelques minutes, puis les plonger dans l'eau glacée pour stopper la cuisson. Tailler les haricots en petits tronçons. **2.** Dans un bol, mélanger les haricots, la vinaigrette et le persil. Servir.

Les mal-aimés

Il nous est tous arrivé un jour de faire la grimace à l'idée de manger de la cervelle, de la joue, du foie ou de la langue. Et cela, même si l'on mange consciemment des jambes, des bras, des dos, des côtes... et même des fesses ! Mais, à partir du moment où l'on s'est fait à l'idée de consommer des êtres vivants, pourquoi ne pas envisager qu'il soit aussi possible de cuisiner des parties moins populaires même lorsqu'on reçoit. Inutile de prévenir les invités... Servez-leur une belle salade de bœuf, betteraves et radicchio (avec dijonnaise) sans leur préciser qu'il s'agit de langue de bœuf. Et ne leur révélez le tout que lorsqu'ils auront dit à quel point votre salade était bonne ! Parce que, s'ils ont aimé la langue de bœuf, ils vont bientôt avoir l'audace de goûter au boudin, aux rognons de veau et aux pieds de porc...

Boudin des amis

Temps de préparation : **5 minutes**
Temps de cuisson : **20 minutes**
Portions : **4**

INGRÉDIENTS

4 pavés de boudin (ou de saucisses sans boyau)
de **160 g (5 ½ oz)** chacun
500 ml (2 tasses) de pleurotes effilochés
60 ml (¼ tasse) de moût de pomme
Sel et poivre, au goût

LES ÉTAPES

1. Préchauffer le four à 200 °C (400 °F).
2. Dans une poêle antiadhésive, cuire les pavés
10 minutes. **3.** Retourner les pavés, ajouter
les pleurotes et cuire au four 10 minutes.
4. Déposer les pavés sur un lit de risotto
aux champignons. Napper d'un filet de moût
de pomme. Servir.

+ Risotto aux champignons

Temps de préparation : **10 minutes**
Temps de cuisson : **20 minutes**
Portions : **4**

INGRÉDIENTS

125 ml (½ tasse) d'oignon blanc ciselé
125 ml (½ tasse) de beurre froid coupé en dés
250 ml (1 tasse) de riz arborio
250 ml (1 tasse) de cidre
500 ml (2 tasses) de bouillon chaud
2 cubes duxelles *(p. 36)**
125 ml (½ tasse) d'oignons verts ciselés
125 ml (½ tasse) de parmesan
125 ml (½ tasse) de noisettes rôties
sans peau et écrasées

LES ÉTAPES

1. Dans une casserole, faire suer l'oignon
dans la moitié du beurre. **2.** Faire revenir le riz
et déglacer au cidre. **3.** À feu moyen, ajouter
une louche de bouillon à la fois, en brassant
pour développer l'amidon et rendre le riz
crémeux. Cuire jusqu'à ce que le riz soit *al dente*
(plus ou moins 20 minutes). **4.** Retirer le risotto
du feu et le monter avec le reste du beurre,
les cubes de duxelles, les oignons verts,
le parmesan et les noisettes.

* Vous pouvez remplacer les cubes duxelles par :

10 shiitake, sans les pieds, hachés grossièrement
+ 1 gousse d'ail, hachée

L'obsession de ne pas gaspiller me pousse à chercher de nouvelles techniques de transformation pour multiplier les recettes à partir d'un même produit comme ici, avec le pied de porc.

— Danny

Jus de viande

Préparation : 15 minutes
Cuisson : 5 heures
Rendement : 1 litre (4 tasses)

INGRÉDIENTS

2 pieds de porc
2 carcasses de volaille, concassées
1 gros oignon, coupé en deux
1 carotte, coupée en tronçons
2 branches de céleri, coupées en tronçons
2 gousses d'ail
60 ml (¼ tasse) de pâte de tomate
35 ml (2 ½ c. à soupe) de lait en poudre
5 litres (20 tasses) d'eau
60 ml (¼ tasse) de fécule de maïs
Sel et poivre, au goût

LES ÉTAPES

1. Préchauffer le four à 180 °C (350 °F).
2. Dans un bol, mélanger les pieds de porc, les carcasses de volaille, l'oignon, la carotte, le céleri, l'ail, la pâte de tomate et le lait en poudre. Répartir le mélange dans une lèchefrite, assaisonner et faire rôtir au four jusqu'à caramélisation. **3.** Mouiller avec l'eau et poursuivre la cuisson au four 4 heures à petits frémissements. **4.** Filtrer le bouillon à l'aide d'une passoire. **5.** Réserver les pieds pour la recette de croûtons aux pieds de porc gratinés. **6.** Réserver le bouillon au réfrigérateur quelques heures, puis le dégraisser. **7.** Dans une casserole, réduire le bouillon à 1 litre (4 tasses) et le lier avec la fécule de maïs.

Croûtons de pied de porc gratinés

*Temps de préparation : **30 minutes***
*Temps de cuisson : **5 minutes***
*Portions : **4***

INGRÉDIENTS

La chair de **1 pied de porc**,
utilisé pour le jus de viande
60 ml (¼ tasse) de ciboulette ciselée
1 cube umami *(p. 42)**
12 tranches fines de baguette rassie
60 ml (¼ tasse) de persil frisé haché
60 ml (¼ tasse) de parmesan râpé
Sel et poivre, au goût

LES ÉTAPES

1. Désosser le pied de porc alors qu'il est encore
chaud. Mettre la chair de porc au réfrigérateur
1 heure, puis la hacher (elle sera plus facile
à hacher une fois refroidie). **2.** Dans un bol,
mélanger la chair de porc, la ciboulette
et le cube umami. **3.** Tartiner les tranches
de baguette avec la préparation et les déposer
sur une plaque de cuisson. **4.** Garnir de persil
et de parmesan. Assaisonner au goût.
5. Mettre sous le gril *(broil)* quelques minutes.
Servir aussitôt.

** Vous pouvez remplacer
le cube umami par :*

7,5 ml (½ c. à soupe) de pâte de tomate
+ 5 ml (1 c. à thé) de vinaigre balsamique
+ ¼ c. à thé de poudre de cèpes

Langue de bœuf en salade

Temps de préparation : **30 minutes**
Temps de trempage : **24 heures**
Temps de cuisson : **4 heures**
Portions : **6**

INGRÉDIENTS

1 langue de bœuf
1 oignon jaune piqué d'un clou de girofle
1 carotte
1 branche de céleri
1 gousse d'ail
2 têtes d'endives en tranches de 1 cm
250 ml (1 tasse) de betteraves marinées
125 ml (½ tasse) de sauce dijonnaise
60 ml (¼ tasse) d'oignon rouge haché
60 ml (¼ tasse) de persil frisé haché
Fleur de sel et poivre, au goût

LES ÉTAPES

1. Faire tremper la langue de bœuf dans l'eau pendant 24 heures au réfrigérateur.
2. Égoutter la langue, puis la mettre dans un faitout avec l'oignon, la carotte, le céleri et l'ail.
Couvrir d'eau froide et laisser frémir pendant 4 heures ou jusqu'à ce que la chair soit tendre.
3. Laisser refroidir dans le bouillon.
4. Préchauffer le four à 200 °C (400 °F).
5. Retirer la peau de la langue, puis enlever les veines et le gras.
Trancher la langue finement dans le sens contraire de la fibre.
Étaler la langue sur une assiette, comme un carpaccio.
6. Passer l'assiette au four très chaud 30 secondes.
7. Assaisonner avec de la fleur de sel et du poivre noir moulu.
Placer les endives et les betteraves sur la langue et ajouter la sauce dijonnaise.
Garnir d'oignon rouge et de persil. Servir aussitôt.

Foie de veau

Temps de préparation : **5 minutes**
Temps de cuisson : **15 minutes**
Portions : **4**

INGRÉDIENTS

4 pavés de foie de veau de lait
de **160 g (5 ½ oz)** chacun
30 ml (2 c. à soupe) de beurre
125 ml (½ tasse) de ciboulette ciselée
Sel et poivre, au goût

LES ÉTAPES

1. Préchauffer le four à 200 °C (400 °F).
2. Assaisonner les pavés de veau de sel
et de poivre. **3.** Dans une poêle antiadhésive,
chauffer le beurre et saisir les foies de veau
jusqu'à l'obtention d'une belle coloration.
Retourner les foies et poursuivre la cuisson
au four 10 minutes. Réserver 5 minutes.
4. Déposer les foies sur un lit de grelots
au bacon et petits pois. Garnir de ciboulette.
Servir.

+ Grelots au bacon et petits pois

Temps de préparation : **10 minutes**
Temps de cuisson : **15 minutes**
Portions : **4**

INGRÉDIENTS

12 pommes de terre grelots,
coupées en rondelles
4 cubes oignon et bacon *(p. 39)**
175 ml (¾ tasse) de petits pois congelés
175 ml (¾ tasse) de jus de viande *(p. 118)*
125 ml (½ tasse) de ciboulette ciselée
Sel et poivre, au goût

LES ÉTAPES

1. Dans une casserole, porter à ébullition les
pommes de terre, les cubes saveurs, les petits
pois et le jus de viande. **2.** Laisser mijoter à
couvert, à feu moyen, 15 minutes. Si on utilise le
substitut, faire dorer les lardons de bacon dans
une poêle, puis ajouter la cassonade. Réserver.
3. Ajouter les lardons de bacon aux pommes
de terre et aux petits pois à la fin de la cuisson.
Servir.

** Vous pouvez remplacer
les cubes oignon et bacon par :*

6 tranches de bacon coupées en lardons
+ 2 pincées de cassonade

Les végés

Il est important de manger des plats végétariens à l'occasion.
Parce qu'ils sont moins chers, réduisent notre empreinte écologique
et accordent une trêve de viande à notre corps. En cette époque où l'on
consomme beaucoup trop de protéines animales — ce n'est pas ce livre
qui renversera cette tendance —, il m'apparaît important de les remplacer
à l'occasion par des protéines végétales. Cela n'empêche pas
d'obtenir des plats équilibrés et savoureux. Car manger des légumes
ne doit pas être une punition. Il faut que cela ait bon goût.

Grosse soupe aux légumes et aux légumineuses

*Temps de préparation : **10 minutes***
*Temps de cuisson : **25 minutes***
*Portions : **4***

INGRÉDIENTS

175 ml (¾ tasse) de riz au jasmin
750 ml (3 tasses) de sauce à « spagate » *(p. 49)*
250 ml (1 tasse) d'eau
500 ml (2 tasses) de légumineuses
mélangées en conserve
2 cubes verts *(p. 43)**
60 ml (¼ tasse) d'oignon vert ciselé
Sel et poivre, au goût

LES ÉTAPES

1. Dans une casserole, mélanger le riz
et 310 ml (1¼ tasse) d'eau. Porter à ébullition.
Couvrir et réduire la température au minimum.
Cuire environ 20 minutes. **2.** Dans une
autre casserole, mélanger la sauce, l'eau et les
légumineuses. **3.** Porter à ébullition. Laisser
mijoter la soupe environ 20 minutes ou
jusqu'à ce que le riz soit cuit. **4.** Déposer le riz
chaud dans quatre grands bols à soupe, tel un
accompagnement. Verser la soupe à côté du riz.
5. Verser une cuillère à soupe du mélange de
cubes verts ou de son substitut sur le dessus
de la soupe et garnir d'oignon vert. Servir.

** Vous pouvez remplacer
les cubes verts par :*

45 ml (3 c. à soupe) de coriandre
hachée grossièrement
+ **45 ml (3 c. à soupe)** de persil
haché grossièrement
+ **5 m (1 c. à thé)** d'aneth
+ **Zeste** et jus de ¼ de lime
+ **1** filet d'huile

Broyer tous les ingrédients à l'aide
d'un mélangeur à main.

Frittata au chèvre frais

Temps de préparation : **15 minutes**
Temps de cuisson : **20 minutes**
Portions : **4**

INGRÉDIENTS

1 petite courge musquée
pelée, coupée en cubes
125 ml (½ tasse) d'oignon haché
4 gousses d'ail, coupées en lanières
15 ml (1 c. à soupe) de thym frais haché
1 pincée de muscade
90 ml (6 c. à soupe) d'huile d'olive
8 œufs
75 ml (⅓ tasse) de lait
500 ml (2 tasses) de roquette
150 ml (⅔ tasse) de laitue romaine
60 ml (¼ tasse) de vinaigrette de base *(p. 52)*
150 de fromage de chèvre frais
Sel et poivre, au goût

LES ÉTAPES

1. Préchauffer le four à 200 °C (400 °F).
Dans une poêle antiadhésive, cuire la courge,
les oignons et l'ail avec le thym et la muscade
dans 30 ml (2 c. à soupe) d'huile, à feu moyen
et à couvert, environ 15 minutes ou jusqu'à
légère coloration. **2.** Dans un bol, battre
les œufs, puis les verser sur la préparation.
Bien remuer la poêle. Mettre la poêle au four
cinq minutes pour terminer la cuisson.
3. À la sortie du four, émietter le fromage
de chèvre sur la frittata. **4.** Dans un bol,
mélanger les laitues, la ciboulette et la
vinaigrette. **5.** Couper la frittata en quatre.
Servir la frittata accompagnée du mélange
de laitues.

Tarte feuilletée aux légumes

*Temps de préparation : **45 minutes***
*Temps de cuisson : **1 heure***
*Portions : **4***

INGRÉDIENTS

Béchamel au fromage

45 ml (3 c. à soupe) de beurre
1 gousse d'ail, écrasée
45 ml (3 c. à soupe) de farine
60 ml (¼ tasse) de vin blanc
500 ml (2 tasses) de lait
250 ml (1 tasse) de romano râpé
Sel et poivre, au goût

Tarte

1 abaisse de pâte feuilletée
d'environ 35 cm x 25 cm
2 courgettes coupées en fines rondelles
Tomates confites *(p. 50)*
1 oignon rouge, émincé
Origan séché au goût
175 ml (⅔ tasse) de romano râpé
1 grappe de tomates cerises (8 unités)
Huile d'olive
Sel et poivre, au goût

LES ÉTAPES

Pour la béchamel

1. Dans une casserole, faire revenir l'ail dans le beurre à feu moyen. **2.** Ajouter la farine, puis mélanger à l'aide d'une cuillère de bois pour faire un roux. Cuire environ 2 minutes. Retirer du feu. **3.** Ajouter le vin et la moitié du lait. Fouetter vigoureusement pour éliminer les grumeaux. Verser le reste du lait. **4.** Remettre sur le feu et laisser mijoter 15 minutes en fouettant régulièrement. Ajouter le fromage. Rectifier l'assaisonnement. Réserver.

Pour la tarte

1. Préchauffer le four à 220 °C (425 °F). Déposer la pâte feuilletée sur une plaque de cuisson recouverte de papier parchemin. Napper la pâte de béchamel en laissant un rebord de 1 cm. **2.** Dresser les légumes (courgettes, tomates confites, oignon rouge). Parsemer d'origan et de romano. **3.** Mettre au four, sur la grille du bas. Cuire jusqu'à ce que le dessous de la pâte soit bien doré, environ 45 minutes. **4.** Garnir de tomates cerises à la sortie du four. Ajouter un filet d'huile d'olive. Rectifier l'assaisonnement. Servir.

Pierogis aux pommes de terre

*Temps de préparation : **1 heure***
*Temps de cuisson : **30 minutes***
*Rendement : **environ 30 pierogis***

INGRÉDIENTS

Pierogis

500 ml (2 tasses) de pommes de terre Russet
cuites et réduites en purée
250 ml (1 tasse) de ricotta de qualité supérieure
125 ml (½ tasse) de feta émiettée
30 pâtes à wonton
Un peu de farine
Sel et poivre, au goût

Garniture

60 ml (4 c. à soupe) de beurre
1 oignon, haché
2 pincées de graines de carvi
4 cubes oignon et bacon *(p. 39)**
125 ml (½ tasse) de crème sure
125 ml (½ tasse) de ciboulette ciselée
Sel et poivre, au goût

LES ÉTAPES

Pour les pierogis

1. Dans un cul-de-poule, mélanger
les pommes de terre en purée avec les fromages.
Assaisonner au goût. **2.** Étaler les pâtes à
wonton sur un plan de travail. Déposer 15 ml
(1 c. à soupe) de préparation de pommes
de terre au centre de chaque pâte.
Mouiller le rebord avec un peu d'eau et replier
chaque pâte en deux. Sceller le rebord en
pressant bien avec les doigts. Poser les pierogis
sur une plaque de cuisson enfarinée. Réserver.

3. Dans une grande casserole, porter de l'eau
salée à ébullition. Plonger les pierogis dans
l'eau bouillante jusqu'à ce qu'ils remontent
à la surface, environ une minute et demie.
Égoutter et réserver.

Pour la garniture

1. Dans une poêle, à feu moyen, mettre
30 ml (2 c. à soupe) de beurre, l'oignon,
une pincée de sel et une pincée de graines
de carvi. Cuire jusqu'à légère caramélisation.
Réserver. **2.** Dans une poêle antiadhésive,
faire rôtir les pierogis dans 30 ml (2 c. à soupe)
de beurre avec le reste des graines de carvi.
3. Dans une casserole, réchauffer les cubes
oignon et bacon. Si on utilise le substitut,
faire dorer les lardons de bacon dans une poêle,
puis ajouter la cassonade. **4.** Servir les pierogis
accompagnés de cubes oignon et bacon
ou du substitut, de crème sure, de ciboulette
et d'oignons caramélisés.

** Vous pouvez remplacer
les cubes oignon et bacon par :*

6 tranches de bacon, coupées en lardons
+ 2 pincées de cassonade

Spaghettis au pesto de noix

*Temps de préparation : **15 minutes***
*Temps de cuisson : **10 minutes***
*Portions : **4***

INGRÉDIENTS

300 g (10 ½ oz) de spaghettis
2 cubes pesto de noix *(p. 40)**
60 ml (¼ tasse) de persil plat haché
60 ml (¼ tasse) de condiment
raisins et câpres *(p. 47)***
2 endives, coupées en tronçons
120 g (4 oz) de fromage bleu émietté
Noix de Grenoble pour la garniture
Sel et poivre, au goût

** Vous pouvez remplacer
les cubes pesto de noix par :*

45 ml (3 c. à soupe) de pesto
de noix du commerce

LES ÉTAPES

1. Dans une casserole d'eau bouillante salée,
cuire les pâtes selon les directives du fabricant.
2. Dans un bol, réserver 175 ml (¾ tasse) d'eau
de cuisson des pâtes, puis les égoutter.
Dans une casserole, remettre les pâtes à feu
moyen. **3.** Ajouter l'eau de cuisson, le pesto
de noix, le persil et le condiment raisins et
câpres ou son substitut. **4.** Lier les ingrédients,
puis assaisonner au goût. Dresser dans quatre
bol à pâtes. Surmonter d'endives, de fromage
bleu et de noix. Servir.

*** Vous pouvez remplacer
le condiment raisins et câpres par :*

30 ml (2 c. à soupe) de raisins secs
réhydratés et égouttés
+ 30 ml (2 c. à soupe) de câpres, rincées
+ Zeste d'orange, au goût

Les *partys*

Recevoir, c'est créer du bonheur. C'est pourquoi cela ne doit pas être stressant. D'ailleurs, il m'apparaît ridicule de recevoir à contrecœur. Si vous n'avez pas envie de voir vos amis, ne les invitez pas. Mais si vous les conviez dans votre intimité, c'est d'abord pour vous faire plaisir. Voilà pourquoi, quand on fait un *party,* il y a des règles de base à respecter.

Bien recevoir

Premièrement, on devrait toujours faire la vaisselle avant que la visite arrive. Deuxièmement, le choix de la musique étant quelque chose de capital (et de très personnel aussi), il me semble opportun de la choisir à l'avance. C'est elle qui donne en grande partie le ton et le rythme de la soirée.

Il est également très important d'accueillir ses invités en leur offrant à boire dès leur arrivée. Peu importe la boisson (eau, jus, vin), le geste de leur offrir un verre de l'amitié est indissociable d'un bon accueil. Personnellement, j'aime accueillir mes amis avec un petit cocktail maison. Ou encore avec des bulles. Car une fois que les copains ont quelque chose entre les mains, ils peuvent enfin commencer à se détendre... et à avoir du *fun*. Un verre, donc, mais avec de petites choses à grignoter. Vous remarquerez d'ailleurs qu'il y a toujours des bouchées dans les formules *party* que l'on propose dans ce chapitre. Des bouchées qui sont préparées bien avant que la visite arrive et qu'on sert en buvant l'apéro, et non pas à table. D'autant plus que le fait de servir en entrée de petites bouchées a l'avantage de laisser un peu de temps à la personne qui reçoit pour terminer ce qui lui reste à faire.

Cela dit, je préfère de loin tout préparer la veille ou le matin même, de façon à ce qu'il ne reste qu'à assembler les choses lorsque les amis sont là. Histoire de garder le tout le plus simple et le plus décontracté possible.

J'ai aussi un faible pour les plats que l'on met au centre de la table. Parce que j'aime l'idée que les gens se servent eux-mêmes et qu'il y ait un maximum d'interaction entre leurs mains et leurs regards... En revanche, je ne suis pas un adepte de la culture *potluck*. J'ai du mal à concevoir une expérience culinaire de façon désarticulée. J'en ai aussi beaucoup avec l'idée que tout le monde pige dans tout. Ce n'est pas une question de snobisme, mais je préfère contrôler le déroulement de la fête ainsi que la trame aromatique de la soirée.

De plus, j'aime que les plats s'accordent avec le vin. C'est pourquoi, dans la mesure du possible, je préfère recevoir les gens avec mes propres bouteilles. Pour une question de goût, déjà, et pour en contrôler le débit !

Autre point important, il ne faut pas avoir peur de demander aux amis de participer au ramassage à la fin du repas. Ce n'est pas parce que l'on choisit de recevoir qu'on devient pour autant un esclave domestique. On reste l'ami qui accueille ses amis. C'est pourquoi il ne faut pas avoir peur de distribuer les tâches. Parce que ce n'est pas long de ramasser quand tout le monde s'y met. Cela permet aussi de relancer la soirée en passant de la cuisine au salon (et de différencier les couche-tard des couche-tôt).

D'ailleurs, que ceux et celles qui se sentent trop gênés pour demander de l'aide sachent qu'il suffit d'un seul agent provocateur pour pousser un gang de *chums* à donner un coup de main. Ils doivent aussi comprendre que, une fois que la notion d'entraide s'est imposée, recevoir des amis devient beaucoup moins laborieux. Ce n'est plus un fardeau, mais une occasion rêvée de cultiver l'amitié tout au long de la soirée.

Règles de base

Règle nº 1
On organise d'abord et avant tout un *party* pour se faire plaisir.

Règle nº 2
On invite des gens qu'on aime.
(Sans nécessairement qu'ils se connaissent.)

Règle nº 3
La vaisselle doit toujours être faite avant l'arrivée des invités.

Règle nº 4
La table doit aussi être mise avant leur arrivée.

Règle nº 5
Si on peut se le permettre, on ne demande pas aux invités
d'apporter quelque chose.

Party de volaille

Céleri garni de mousse de foie de volaille

*Temps de préparation : **30 minutes***
*Temps de cuisson : **15 minutes***
*Portions : **6***

INGRÉDIENTS

125 ml (½ tasse) d'oignon rouge haché
1 gousse d'ail, écrasée
60 ml (¼ tasse) de beurre
100 g (3½ oz) de foies de volaille
25 ml (5 c. à thé) de cognac
12 bâtonnets de céleri
4 radis, en julienne
4 biscuits Ritz, écrasés
Sel et poivre, au goût

LES ÉTAPES

1. Dans une poêle, faire suer l'oignon et l'ail dans le beurre. **2.** Dans la même poêle, saisir les foies de volaille, puis les flamber au cognac. **3.** Passer tous les ingrédients au robot culinaire. **4.** Assaisonner généreusement et réserver. **5.** À l'aide d'une poche, dresser la mousse de foie dans le creux des bâtonnets de céleri. Garnir de radis et de biscuits. Servir.

Soupe poulet et nouilles

Temps de préparation : **30 minutes**
Temps de cuisson : **15 minutes**
Portions : **6**

INGRÉDIENTS

125 ml (½ tasse) d'oignon coupé en dés fins
125 ml (½ tasse) de carotte coupée en dés fins
125 ml (½ tasse) de céleri coupé en dés fins
15 ml (1 c. à soupe) d'huile d'olive
1 litre (4 tasses) de bouillon de poulet *(p. 76)*
125 ml (½ tasse) d'orzo
6 œufs
3 cubes verts *(p. 43)* *
Sel et poivre, au goût

** Vous pouvez remplacer
les cubes verts par :*

45 ml (3 c. à soupe) de coriandre
hachée grossièrement
+ 45 ml (3 c. à soupe) de persil
haché grossièrement
+ 5 ml (1 c. à thé) d'aneth
+ zeste et jus de **½** lime
+ 1 filet d'huile d'olive

Broyer tous les ingrédients
ensemble à l'aide d'un mélangeur
à main.

LES ÉTAPES

1. Dans une casserole, faire suer les légumes
dans l'huile. Ajouter le bouillon de poulet,
puis l'orzo. **2.** Laisser mijoter 10 minutes.
3. Assaisonner au goût, puis ajouter les cubes
verts ou son substitut. **4.** Dans une casserole
d'eau bouillante salée et légèrement vinaigrée,
pocher les œufs 3 minutes. **5.** Retirer les œufs
à l'aide d'une écumoire, puis déposer chaque
œuf dans un bol. Mouiller avec la soupe.
Servir aussitôt.

Ragoût de canard, sauce à l'orange

*Temps de préparation : **45 minutes***
*Temps de cuisson : **2 heures***
*Portions : **6***

INGRÉDIENTS

Boulettes

2 poitrines de canard, sans peau
125 ml (½ tasse) de peau de canard
125 ml (½ tasse) d'oignon rouge haché
125 ml (½ tasse) de chapelure
1 œuf
45 ml (3 c. à soupe) de gras de canard
Sel et poivre, au goût

Sauce

2 cuisses de canard, sans peau
2 ailes de canard, sans peau
60 ml (¼ tasse) de gras de volaille
175 ml (¾ tasse) d'oignons en dés
100 ml (6 ½ c. à soupe) de carotte en dés
100 ml (6 ½ c. à soupe) de céleri en dés
2 gousses d'ail, écrasées
15 ml (1 c. à soupe) de pâte de tomate
15 ml (1 c. à soupe) de farine
250 ml (1 tasse) de cidre
500 ml (2 tasses) d'eau
1 feuille de laurier
2 cubes orange et tamarin *(p. 39*)*
Sel et poivre, au goût

** Vous pouvez remplacer
les cubes orange et tamarin par :*

20 ml (4 c. à thé) de sauce HP
+ 5 ml (1 c. à thé) de zeste d'orange
+ 45 ml (3 c. à soupe) de jus d'orange

LES ÉTAPES

Pour les boulettes

1. Hacher les poitrines de canard et la peau. Dans un bol, mettre le hachis, l'oignon, la chapelure et l'œuf. Bien mélanger et assaisonner. **2.** Façonner le mélange en boulettes de 30 ml (2 c. à soupe). Dans une poêle, chauffer le gras de canard et faire frire les boulettes. Réserver.

Pour la sauce

1. Assaisonner les cuisses et les ailes de canard. **2.** Dans un faitout, à feu moyen, chauffer le gras de volaille et faire saisir les cuisses et les ailes de canard. Ajouter les légumes et l'ail, puis caraméliser. **3.** Ajouter la pâte de tomate et la farine. Bien mélanger. **4.** Mouiller avec le cidre et l'eau. Ajouter la feuille de laurier, le sel et le poivre. **5.** Braiser à couvert et à feu doux pendant 2 heures. **6.** Réserver dans la sauce avec la garniture avant de servir. **7.** Effilocher la viande. **8.** Passer le jus au tamis. Ajouter les cubes d'orange et tamarin ou son substitut. Ajouter les boulettes et la viande effilochée. Bien mélanger. **9.** Servir avec des haricots verts aux pacanes et une purée de pommes de terre Yukon Gold.

+ Haricots verts aux pacanes

*Temps de préparation : **30 minutes***
*Temps de cuisson : **5 minutes***
*Portions : **6***

INGRÉDIENTS

600 g (1 ⅓ lb) de haricots verts extrafins
125 ml (½ tasse) de beurre
1 pincée de piment de Cayenne
125 ml (½ tasse) de pacanes
rôties et concassées
Sel et poivre, au goût

LES ÉTAPES

1. Dans une casserole d'eau bouillante salée, cuire les haricots jusqu'à tendreté. Égoutter.
2. Dans un cul-de-poule, mélanger les haricots chauds avec les autres ingrédients. Servir aussitôt.

+ Purée de pommes de terre Yukon Gold

*Temps de préparation : **5 minutes***
*Temps de cuisson : **20 minutes***
*Portions : **6***

INGRÉDIENTS

6 grosses pommes de terre Yukon Gold,
pelées et coupées en dés
125 ml (½ tasse) de gras de canard
60 ml (¼ tasse) de babeurre
Sel et poivre blanc, au goût

LES ÉTAPES

1. Dans une casserole, cuire les pommes de terre à l'eau froide salée jusqu'à tendreté.
2. Passer les pommes de terre au moulin à légumes. **3.** Dans un cul-de-poule, fouetter le gras et le babeurre, puis les ajouter aux pommes de terre. Servir.

Feuilletés à l'érable

Temps de préparation : **15 minutes**
Temps de cuisson : **30 minutes**
Portions : **6**

INGRÉDIENTS

6 rectangles (5 cm × 7 cm)
de pâte feuilletée au beurre
1 œuf, battu
4 feuilles de gélatine
175 ml (¾ tasse) de sirop d'érable
500 ml (2 tasses) de crème 35 %
1 casseau de petits fruits, au goût
Sucre glace

LES ÉTAPES

1. Préchauffer le four à 190 °C (375 °F).
2. Déposer les rectangles de pâte sur une plaque de cuisson. Piquer les rectangles à l'aide d'une fourchette, puis les badigeonner d'œuf battu. Cuire au four 30 minutes. Laisser refroidir. **3.** Dans un bol d'eau froide, mettre les feuilles de gélatine à tremper et laisser gonfler quelques minutes.
4. Dans une casserole, chauffer le sirop environ 5 minutes à feu moyen. Essorer la gélatine délicatement et l'incorporer au sirop en brassant. Laisser refroidir à la température de la pièce. **5.** Dans un bol, fouetter la crème jusqu'à la formation de pics mous. À l'aide d'une spatule, incorporer la crème à la préparation à l'érable en pliant. Réserver au réfrigérateur.
6. Tailler chaque feuilleté en 2 lamelles horizontales. Garnir de mousse à l'érable et de petits fruits. Saupoudrer de sucre glace. Servir.

Party de cochon

Sandwiches « pas de croûte » à la mortadelle

*Temps de préparation : **15 minutes***
*Temps de cuisson : **15 minutes***
*Portions : **6 (12 bouchées)***

INGRÉDIENTS

1 œuf
250 ml (1 tasse) de lait
4 tranches de pain de ménage
225 g (½ lb) de mortadelle, tranchée finement
30 ml (2 c. à soupe) de mayonnaise
500 ml (2 tasses) de farine
500 ml (2 tasses) de panko
60 ml (¼ tasse) de beurre
125 ml (½ tasse) d'huile végétale
Moutarde et *pickles*, au goût

LES ÉTAPES

1. Dans un cul-de-poule, battre l'œuf et le lait. Réserver. **2.** Assembler des sandwiches avec la mortadelle et la mayonnaise. Enlever les croûtes. Tailler les sandwiches en six. **3.** Fariner les bouchées, les tremper dans le mélange d'œuf et de lait, puis le panko. Réserver. **4.** Dans une poêle, frire les morceaux de sandwiches dans le beurre et l'huile jusqu'à ce qu'ils soient bien dorés. Servir chaud avec de la moutarde et les *pickles*.

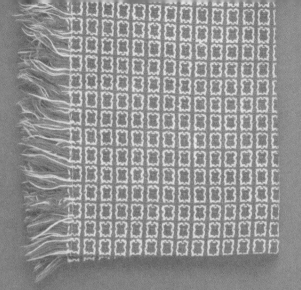

Côtes levées
à l'érable et aux olives

Temps de préparation : **30 minutes**
Temps de macération : **12 heures**
Temps de cuisson : **4 heures**
Portions : **6**

INGRÉDIENTS

2 kg (5 lb) de côtes levées
15 ml (1 c. à soupe) de sel
15 ml (1 c. à soupe) de poivre noir
15 ml (1 c. à soupe) de cassonade
15 ml (1 c. à soupe) de paprika
6 cubes noirs (*p. 37*)*

* *Vous pouvez remplacer les cubes noirs par :*

125 ml (½ tasse) d'olives noires,
séchées au soleil, dénoyautées
+ 25 ml (5 c. à thé) d'eau
+ 25 ml (5 c. à thé) de moutarde de Dijon
+ 25 ml (5 c. à thé) de sirop d'érable foncé

Broyer tous les ingrédients à l'aide
d'un mélangeur à main.

LES ÉTAPES

1. Retirer la membrane à l'intérieur des côtes levées de porc. **2.** Dans un cul-de-poule, mélanger
le sel, le poivre, la cassonade et le paprika. Assaisonner généreusement les côtes levées avec
le mélange d'épices. Couvrir de pellicule plastique et laisser reposer au réfrigérateur 12 heures.
3. Préchauffer le four à 150 °C (300 °F). **4.** Déposer des assiettes renversées dans une rôtissoire afin
de couvrir le fond. Mouiller le fond de la rôtissoire avec de l'eau sans submerger le haut des assiettes.
Mettre les côtes levées sur les assiettes et au-dessus de l'eau. Couvrir les côtes levées de pellicule
plastique, puis de papier d'aluminium. Cuire au four 4 heures. **5.** Laisser refroidir.
6. Badigeonner les côtes avec le mélange de cubes noirs ou son substitut.
7. Mettre les côtes à griller (*broil*) jusqu'à ce qu'elles soient bien caramélisées. Servir.

Rôti de porc frais et légumes

Temps de préparation : **15 minutes**
Temps de cuisson : **45 minutes**
Portions : **4**

INGRÉDIENTS

1 bulbe de fenouil,
coupé en tranches d'environ 1 cm
4 pommes de terre Yukon Gold,
coupées en tranches d'environ 1 cm
2 oignons rouges,
coupés en tranches d'environ 1 cm
1 boîte (796 ml/28 oz) de tomates pelées,
égouttées
60 ml (¼ tasse) d'huile d'olive
2 gousses d'ail, écrasées
Jus et zeste de **1** citron
1 longe de porc (contre-filet)
d'environ **1 kg (2 ½ lb)**
5 ml (1 c. à thé) de graines de fenouil
250 ml (1 tasse) de roquette
Sel et poivre, au goût

LES ÉTAPES

1. Préchauffer le four à 180 °C (350 °F).
2. Dans un cul-de-poule, mélanger les légumes, l'huile, l'ail, le jus et le zeste de citron. Assaisonner et déposer les légumes dans une rôtissoire. **3.** Faire de petites incisions dans le gras de porc. Assaisonner de sel, de poivre et de graines de fenouil. Déposer la longe sur les légumes. **4.** Rôtir au four environ 45 minutes. Laisser reposer 15 minutes (les jus du porc se relâcheront dans les légumes). **5.** Passer sous le gril (*broil*) pour réchauffer. Découper le porc en tranches fines. Servir accompagné des légumes et de roquette.

Bagatelle aux brownies, bleuets et noix

*Temps de préparation : **45 minutes***
*Temps de cuisson : **40 minutes***
*Portions : **6***

INGRÉDIENTS

Crème anglaise

500 ml (2 tasses) de crème 15 %, épaisse
30 ml (2 c. à soupe) de brandy
100 ml (6 ½ c. à soupe) de sucre
6 jaunes d'œufs

Brownies

125 ml (½ tasse) de beurre salé
100 g (3 ½ oz) de chocolat mi-amer
2 œufs
150 ml (⅔ tasse) de sucre glace
45 ml (3 c. à soupe) de cacao
30 ml (2 c. à soupe) de farine tout usage
5 ml (1 c. à thé) de poudre à pâte

Bagatelle

1 casseau de bleuets
250 ml (1 tasse) de gâteau blanc, coupé en dés
100 ml (6 ½ c. à soupe) de noix
de Grenoble, rôties
250 ml (1 tasse) de crème 35 %, fouettée
250 ml (1 tasse) de brownies
Crème anglaise

LES ÉTAPES

Pour la crème anglaise

1. Dans une casserole, chauffer la crème, le brandy et le sucre. Réserver.
2. Dans un bol, verser la moitié du mélange sur les jaunes d'œufs pour les réchauffer.
3. Porter le reste de la crème à ébullition, puis l'ajouter aux jaunes d'œufs. Mélanger à l'aide d'un fouet. **4.** Couvrir d'une pellicule plastique et réserver au réfrigérateur.

Pour le brownie

1. Préchauffer le four à 180 °C (350°F).
2. Au bain-marie, faire fondre le beurre et le chocolat. **3.** Dans un cul-de-poule, battre les œufs et le sucre glace, puis les incorporer au chocolat fondu. **4.** Incorporer ensuite lentement les ingrédients secs au mélange de beurre et chocolat. **5.** Tapisser le fond d'un moule carré de 20 cm (8 po) de papier parchemin et graisser les côtés. Verser le mélange dans le moule.
6. Cuire au four de 20 à 30 minutes ou jusqu'à l'obtention d'une consistance moelleuse. Laisser refroidir complètement, puis couper le brownie en gros dés.

Pour le montage de la bagatelle

1. Répartir les brownies dans six coupes.
2. Dans un bol, mélanger les bleuets, les dés de gâteau blanc, les noix de Grenoble et la crème fouettée. Répartir le mélange sur les brownies.
3. Napper de crème anglaise et servir.

Party de poisson

Guédilles au homard

Temps de préparation : **20 minutes**
Temps de cuisson : **aucun**
Portions : **6 à 8**

INGRÉDIENTS

2 homards mâles de **1 kg (2 ¼ lb)**, cuits, décortiqués (réserver les carapaces)
125 ml (½ tasse) de céleri-rave en julienne
30 ml (2 c. à soupe) de céleri, haché
30 ml (2 c. à soupe) d'oignons verts ciselés
60 ml (¼ tasse) de mayonnaise
15 ml (1 c. à soupe) de condiment graines de moutarde (*p. 45*)*
30 ml (2 c. à soupe) de beurre
4 pains à hot-dog
Sel et poivre, au goût

** Vous pouvez remplacer
le condiment graines de moutarde par :*

7,5 ml (½ c. à soupe) de moutarde à l'ancienne

LES ÉTAPES

1. Dans un cul-de-poule, mélanger la chair de homard, les légumes et les condiments.
2. Dans une poêle, faire fondre le beurre et griller les pains de chaque côté.
3. Garnir du mélange de chair de homard. Servir avec de la bisque bien chaude.

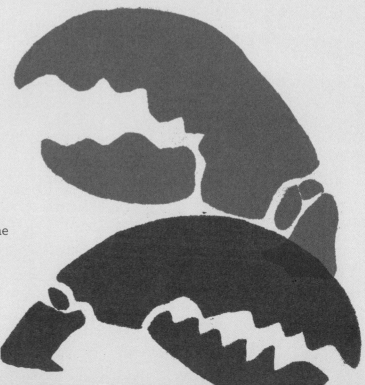

Bisque rapide

Temps de préparation : **20 minutes**
Temps de cuisson : **30 minutes**
Portions : **6 à 8**

INGRÉDIENTS

30 ml (2 c. à soupe) d'huile végétale
2 carapaces de homard
500 ml (2 tasses) de carottes,
céleri et oignons coupés en dés
2 gousses d'ail, écrasées
30 ml (2 c. à soupe) de riz blanc
60 ml (¼ tasse) de pâte de tomate
30 ml (2 c. à soupe) de brandy
750 ml (3 tasses) d'eau
500 ml (2 tasses) de crème à cuisson 15 %
1 pincée de piment de Cayenne
Sel et poivre, au goût

LES ÉTAPES

1. Dans un faitout, chauffer l'huile
et bien colorer les carapaces de homard,
les légumes et le riz. **2.** Ajouter la pâte
de tomate et le brandy. **3.** Mouiller avec l'eau
et ajouter la crème. Laisser mijoter 30 minutes.
4. Retirer les carapaces.
5. Passer au mélangeur avec la pincée
de piment. Vérifier l'assaisonnement.
Servir aussitôt... et bien mousseuse !

ESCOFFIER
LE GUIDE CULINAIRE

Filet de saumon au citron

*Temps de préparation : **20 minutes***
*Temps de cuisson : **aucun***
*Temps de réfrigération : **1 heure***
*Portions : **6 à 8***

INGRÉDIENTS

1 kg (2 ¼ lb) de filet de saumon entier, cuit, refroidi et sans peau
2 feuilles de gélatine
60 ml (¼ tasse) de jus de citron
375 ml (1 ½ tasse) de mayonnaise
5 ml (1 c. à thé) de zeste de citron râpé
1 concombre anglais, coupé en lamelles
1 botte de radis, coupés en lamelles
Sel et poivre, au goût

LES ÉTAPES

1. Déposer le saumon cuit sur une planche ou un plat de service recouvert de papier parchemin. **2.** Dans un petit cul-de-poule, déposer les feuilles de gélatine, les couvrir d'eau froide et laisser tremper 5 minutes. **3.** Dans une casserole, chauffer le jus de citron, y déposer les feuilles de gélatine ramollies et remuer jusqu'à dissolution complète. **4.** Ajouter 60 ml (¼ tasse) de mayonnaise froide au jus de citron chaud. Bien incorporer. Verser ce mélange dans le reste de la mayonnaise froide et fouetter vigoureusement. Ajouter le zeste de citron à la mayonnaise et bien incorporer. **5.** Verser la mayonnaise au citron sur le filet de saumon de façon à le couvrir parfaitement d'une couche lisse et uniforme. **6.** Laisser reposer au réfrigérateur jusqu'à ce que la mayonnaise soit à moitié gélifiée. **7.** À l'aide de la pointe d'un couteau d'office, découper l'excédent de mayonnaise et de papier parchemin afin de redessiner les contours du filet. Disposer les lamelles de concombre et de radis sur la mayonnaise pour créer un motif d'écailles. **8.** Laisser reposer au réfrigérateur jusqu'à ce que la mayonnaise soit parfaitement figée. Conserver au réfrigérateur jusqu'au moment de servir.

Pavlova aux canneberges

Temps de préparation : **30 minutes**
Temps de cuisson : **30 minutes**
Portions : **8**

INGRÉDIENTS

Purée de canneberge

375 ml (1 ½ tasse) de canneberges congelées
60 ml (¼ tasse) d'eau

Meringue

2 blancs d'œufs
30 ml (2 c. à soupe) d'eau
10 ml (2 c. à thé) de fécule de maïs
250 ml (1 tasse) de sucre
5 ml (1 c. à thé) de vinaigre blanc

Crème aux canneberges

2 œufs entiers
90 ml (6 c. à soupe) de sucre
375 ml (1 ½ tasse) de purée de canneberge*
45 ml (3 c. à soupe) de beurre
2 feuilles de gélatine

Crème chantilly

500 ml (2 tasses) de crème à fouetter
60 ml (¼ tasse) de sucre
2,5 ml (½ c. à thé) d'extrait de vanille

Garniture

1 casseau de bleuets
1 casseau de framboises

** Vous pouvez remplacer
la purée de canneberge par :*

375 ml (1 ½ tasse) de jus de canneberge
concentré, non sucré

LES ÉTAPES

Pour la purée de canneberge

1. Dans une casserole, porter à ébullition, à feu moyen, les canneberges et l'eau. **2.** Laisser mijoter environ 10 minutes ou jusqu'à ce que les canneberges éclatent. **3.** Réduire en purée à l'aide d'un mélangeur à main.

Pour la meringue

1. Préchauffer le four à 150 °C (300 °F). **2.** Dans un cul-de-poule, battre les blancs d'œufs à l'aide d'un fouet jusqu'à la formation de pics mous. **3.** Ajouter l'eau, doucement. Ajouter la fécule de maïs et le sucre, une cuillère à la fois, en fouettant. Ajouter le vinaigre lorsque la meringue est ferme et continuer à fouetter 1 minute. **4.** Mettre la meringue dans un sac à pâtisserie. Sur une plaque de cuisson recouverte de papier parchemin, dresser des rondelles de 2 ½ po (6 cm). Cuire au four pendant 30 minutes. Réserver.

Pour la crème aux canneberges

1. Dans un bol, déposer les feuilles de gélatine, les couvrir d'eau froide et laisser tremper 5 minutes. Essorer délicatement. **2.** Dans le cul-de-poule, mettre tous les ingrédients et bien mélanger. **3.** Cuire au bain-marie jusqu'à 82 °C (180 °F). Retirer du feu et laisser refroidir dans un bol.

Pour la crème chantilly

1. Dans un cul-de-poule, mettre la crème, le sucre et l'extrait de vanille.
2. Fouetter jusqu'à la formation de pics mous.

Pour l'assemblage

1. Déposer chaque disque de meringue sur une assiette, déposer une cuillerée à soupe de crème aux canneberges sur chacun des disques. Garnir de petits fruits et de crème chantilly. Servir.

Party végé

Cari d'aubergine

Temps de préparation : **15 minutes**
Temps de cuisson : **40 minutes**
Portions : **4**

INGRÉDIENTS

1 grosse aubergine ferme
1 gros oignon espagnol, émincé
30 ml (2 c. à soupe) de gingembre frais haché
2 gousses d'ail, hachées
60 ml (¼ tasse) de beurre
30 ml (2 c. à soupe) de pâte de tomate
15 ml (1 c. à soupe) de cari de Madras
Une vingtaine de minipitas
125 ml (½ tasse) de yaourt grec nature
2 oignons verts, émincés finement
Menthe fraîche, hachée, au goût
Sel et poivre, au goût

LES ÉTAPES

1. Préchauffer le four à 200 °C (400 °F).
2. Couper l'aubergine en deux. Quadriller la chair des aubergines, sans percer la peau, pour permettre à la chaleur de pénétrer uniformément. Déposer l'aubergine sur une plaque de cuisson. Assaisonner et cuire au four jusqu'à tendreté, environ 40 minutes.
3. Retirer la chair de l'aubergine à l'aide d'une cuillère. Déposer la chair dans un cul-de-poule et la réduire en purée.
4. Dans une poêle, caraméliser l'oignon, le gingembre et l'ail dans le beurre, puis les mélanger avec la chair d'aubergine. Ajouter la pâte de tomate et le cari. Assaisonner.
5. Garnir les pitas de cari d'aubergine. Ajouter le yaourt, les oignons verts et la menthe. Servir.

Salade de frites et haricots verts

Temps de préparation : **15 minutes**
Temps de cuisson : **5 minutes**
Portions : **4**

INGRÉDIENTS

500 ml (2 tasses) de haricots verts
30 ml (2 c. à soupe) de beurre
1 cube citron *(p. 36)**
500 ml (2 tasses) de frites chaudes
30 ml (2 c. à soupe) de persil haché
30 ml (2 c. à soupe) de ciboulette ciselée
60 ml (¼ tasse) de fromage romano râpé
Sel et poivre, au goût

* Vous pouvez remplacer le cube citron par :

15 ml (1 c. à soupe) d'écorce de citron
confit au sel hachée finement
+ 2 pincées de sucre
+ 2 pincées de graines de coriandre
rôties, moulues

LES ÉTAPES

1. Dans une casserole, blanchir les haricots en les plongeant rapidement dans l'eau bouillante. **2.** Dans une grande poêle, chauffer le beurre. Ajouter le cube citron ou son substitut et les haricots blanchis. Mélanger. **3.** Ajouter les frites, les herbes et le romano. Servir.

Cigares au chou végétariens

*Temps de préparation : **1 heure***
*Temps de cuisson : **1 heure***
*Portions : **6***

INGRÉDIENTS

Farce

500 ml (2 tasses) de lentilles rouges
500 ml (2 tasses) de bouillon de légumes
2 gousses d'ail, écrasées
15 ml (1 c. à soupe) de thym frais haché
1 feuille de laurier
30 ml (2 c. à soupe) d'huile d'olive
1 gros oignon, ciselé
500 ml (2 tasses) de riz au jasmin cuit
1 œuf
Sel et poivre, au goût

Cigares

12 feuilles de chou de Savoie
1 litre (4 tasses) de sauce à « spagate » *(p. 49)*
500 ml (2 tasses) d'eau
125 ml (½ tasse) d'emmenthal râpé
125 ml (½ tasse) de romano râpé
250 ml (1 tasse) de chapelure
60 ml (¼ tasse) de beurre
125 ml (½ tasse) de persil plat ciselé

LES ÉTAPES

Pour la farce

1. Dans une casserole, cuire les lentilles à feu moyen dans le bouillon de légumes avec l'ail, le thym et le laurier de 10 à 15 minutes ou jusqu'à tendreté. Égoutter. **2.** Dans une poêle, chauffer l'huile et colorer l'oignon.
3. Ajouter les lentilles et le riz. Réserver.

Pour les cigares

1. Préchauffer le four à 180 °C (350 °F).
2. Dans une casserole, blanchir les feuilles de chou en les plongeant rapidement dans l'eau bouillante. **3.** Farcir chaque feuille de chou avec le mélange de riz et de lentilles.
Plier les extrémités et rouler les feuilles.
Dans un plat à gratin, disposer les cigares côte à côte. **4.** Dans un bol, mélanger l'eau à la sauce à spagate, puis napper les choux du mélange.
5. Recouvrir de papier d'aluminium.
Mettre au four 30 minutes.
6. Pendant ce temps, dans un bol, mélanger les fromages, la chapelure, le beurre et le persil. **7.** Sortir le plat du four, retirer le papier d'aluminium et ajouter la préparation de fromage, chapelure et beurre sur les cigares.
8. Remettre au four à découvert 30 minutes.
Servir.

Whoopie pie aux carottes

*Temps de préparation : **30 minutes***
*Temps de cuisson : **15 minutes***
*Portions : **6***

INGRÉDIENTS

Gâteau

60 ml (¼ tasse) de beurre ramolli
60 ml (¼ tasse) de cassonade
45 ml (3 c. à soupe) de sucre
1 œuf
20 ml (4 c. à thé) d'huile végétale
150 ml (⅔ tasse) de farine tout usage
2,5 ml (½ c. à thé) de poudre à pâte
1 ml (¼ de c. à thé) de bicarbonate de soude
1 ml (¼ de c. à thé) de cannelle
7,5 ml (1 ½ c. à thé) de sel
125 ml (½ tasse) de carotte râpée
60 ml (¼ tasse) de graines de citrouille
ou de courge

Crème au fromage

1 blanc d'œuf
75 ml (5 c. à soupe) de sucre
75 ml (5 c. à soupe) de beurre, ramolli
150 ml (⅔ tasse) de fromage à la crème

LES ÉTAPES

Pour les gâteaux

1. Préchauffer le four à 180 °C (350 °F).
2. Dans un bol, mélanger le beurre, la cassonade et le sucre. Ajouter l'œuf et battre au fouet ou au batteur électrique jusqu'à ce que le mélange devienne aérien. **3.** Ajouter l'huile en filet, en continuant de battre, et faire monter en mousse. Incorporer les ingrédients secs, la carotte et les pépins. **4.** À l'aide d'une cuillère à crème glacée de 1 oz (2 c. à soupe), former des boules avec la pâte à gâteau. Déposer les boules sur une plaque de cuisson recouverte de papier parchemin. Cuire au four environ 15 minutes. Réserver.

Pour la crème au fromage

1. Au bain-marie, chauffer doucement le blanc d'œuf et le sucre jusqu'à ce que les grains de sucre soient complètement dissous.
2. À l'aide d'un batteur électrique, monter le mélange en meringue. Laisser refroidir.
3. Ajouter le beurre et le fromage.

Pour l'assemblage

1. Déposer une tranche de gâteau à plat et étendre une couche de crème au fromage.
2. Recouvrir d'une autre tranche de gâteau. Servir.

Remerciements

Ce n'est pas parce que mon prénom est écrit en gros sur la première page que ce livre est un *one man show*. Au contraire. *Dans la cuisine de Danny St Pierre* est le fruit d'un travail d'équipe qui n'aurait jamais pu voir le jour sans le soutien de nos amis fidèles de chez Auguste. C'est pourquoi je dédie ce livre à tous les gens qui, depuis bientôt six ans, nous encouragent au quotidien par leur présence et leurs bons mots. Quand je dis «nous», je fais bien évidemment référence à Anik Beaudoin, ma complice et partenaire de la première heure, sans qui nous ne nous serions jamais installés à Sherbrooke, cette ville à taille humaine où la gentillesse est d'or. J'en profite aussi pour remercier toute notre équipe, des fourneaux au bureau, en passant par la plonge, ainsi que mes nombreux fournisseurs que je mets si souvent au défi. J'ai aussi une pensée particulière pour Caroline Jamet, qui m'a soutenu, tout comme son équipe aux Éditions La Presse, tout au long de cette drôle d'aventure. Merci aussi à mon copain Luc Bouchard, qui a su mettre mes idées en mots, et à ma vieille amie Myriam Pelletier, dont la touche magique est apparente un peu partout dans ce livre.

Index

Index par catégories

Index des recettes